과학실에 숨은 미래 직업을 찾아라!

과학실에 숨은 미래 직업을 찾아라!

글 김경은 박지선 신현진 원진아 이선희 이현미 한문정 홍준의
그림 이해정

우리학교

여는 글

특별한 과학실에서 날아온 초대장

"로봇 친구! 오늘 날씨 어때?"

집을 나서기 전, 인공지능 스피커에 질문을 툭 던지면 비가 오니 우산을 준비하라거나 미세먼지가 심할 테니 마스크를 준비하라는 친절한 대답이 돌아옵니다. 원하는 목적지까지 알아서 태워다 주고 척척 주차까지 해내는 자동차도 곧 우리 일상으로 들어올 날이 머지않았어요.

미래에는 변호사, 판매원, 약사, 택배 기사, 운전기사 같은 익숙한 직업이 사라지고 대신 로봇이 그 자리를 차지할 거라고 하지요. 똑같은 일을 반복하는 일은 자연스럽게 기계가 차지하게 될 테고, 인간만이 가진 고유한 능력인 창의성과 호기심을 발휘하는 일은 더욱 늘어나게 될 거예요.

시대가 변하면 기존의 직업이 사라지고 다양한 직업이 새로 생겨납니다. 최근 많은 어린이가 꿈꾸는 '유튜브 크리에이터' 같은 직업은 생겨난 지 불과 15년 정도밖에 되지 않았어요. 또 요즘 인기 있는 직업인 '셰프'는 예전만 해도 그다지 주목받지 못하는 직업이었답니다.

여러분이 살게 될 가까운 미래에 어떤 직업이 인기 있을지, 그리고 자신이 어느 분야에 소질이 있고 어떤 일이 적성에 맞는지 탐색하는 기회를 가져 보았으면 하는 바람에서 과학샘들이 미래 직업 세계 속 이야기를 들려주려고 합니다.

이제 '과학'은 과학자가 될 사람에게만 필요한 학문이 아니라 현재와 미래를 둘러싼 다양한 시스템을 이해하는 데 빠져서는 안 될 요소가 되었어요. 예를 들어 연예인들의 연기나 공연을 더욱 빛나게 하는 화려한 무대장치를 설계할 때도 과학자와 공학자의 협력이 필요하고요. 미술가의 작업에 과학 원리를 더하면 훨씬 더 멋진 작품이 완성되지요. 스포츠 분야에서도 과학 지식을 알고 적용하면 남보다 뛰어난 기록을 낼 수 있어요. 독창적이고 맛있는 요리에 숨겨진 노하우도 알고 보면 과학적 비밀인 경우가 대부분이에요.

과학은 가까운 미래를 살게 될 여러분에게 꼭 필요한 학문이며, 앞으로 여러분이 선택할 직업에서 자신을 좀 더 빛나게 해 줄 마법의 열쇠가 될 수 있답니다.

자, 지금부터 과학샘들이 콕콕 집어 준비한 열두 가지 직업 세계 이야기와 즐거운 실험 활동이 펼쳐지는 특별한 과학실로 떠나 볼까요? 이 여정 곳곳에서 여러분만의 소중한 능력과 소질을 발견하고, 미래를 만나 볼 수 있을 거예요.

참, 가장 중요한 준비물은 별처럼 반짝이는 '호기심'이랍니다. 잊지 마세요.

❀ 이 책의 실험 활동에 쓰인 물품은 한도움사이언스(http://www.handoum.kr)에서 키트로 구매할 수 있습니다.

차례

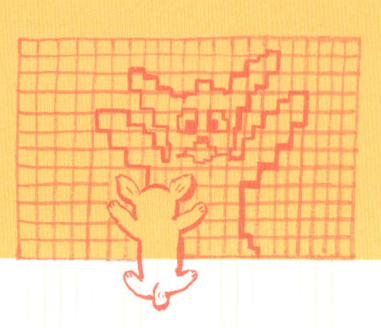

여는 글 특별한 과학실에서 날아온 초대장	4
미래의 집을 부탁해 친환경 건축사	8
공간에 입체감을 입혀라 조각가	22
환상과 현실을 넘나들다 미디어 아티스트	36
세상을 바꿀 수 있어 디자이너	56
21세기 이야기꾼이 왔다 유튜브 크리에이터	72
건강한 세상을 꿈꾸며 역학조사관	88

범인을 밝혀라 과학수사관	102
우주의 비밀을 찾아서 천문학자	118
꽃으로 연출하다 플로리스트	134
한계를 뛰어넘어라 운동선수	150
피부를 가꾸고 지켜라 화장품 연구원	164
맛있는 세계가 펼쳐진다 셰프	182

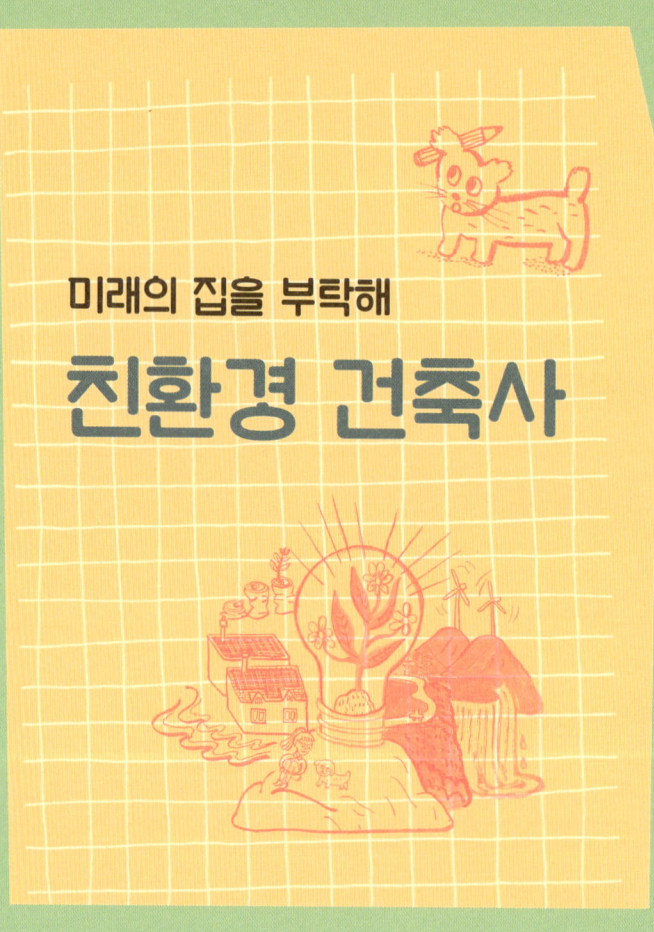

미래의 집을 부탁해
친환경 건축사

나만의 직업을 찾아볼까?

새로운 에너지, 새로운 건축법

페달을 돌리면 솜사탕이 만들어지는 자전거를 본 적이 있나요? 과학 체험 놀이마당 같은 곳에 가면 종종 볼 수 있지요. 풍력·화력·수력·원자력발전으로가 아니라 사람이 직접 에너지를 만들 수 있다니 정말 놀랍고 신기한 일이에요.

 우리가 생활하는 집에서도 직접 에너지를 만들 수 있을까요? 겨울철의 시원한 냉기를 집에 저장해 두었다가 여름철 에어컨 대신 사용하고, 반대로 여름철의 후끈후끈한 열기를 집에 저장해 두었다가 겨울에 쓸 수 있다면 어떨지 상상해 보세요. 매우 효율적이겠지요. 이렇게 에너지를 직접 만들어 사용하는 집이 정말 있을까요?

　우리가 앞으로 살아갈 미래의 집은 어떻게 지어야 할지 생각해 보세요. 최근에는 환경을 보호하기 위해 화석연료 사용을 줄이고 새로운 에너지를 사용하는 건축법이 주목받고 있어요. 바로 집에서 에너지를 직접 만들어 사용하는 친환경 건축법이지요.

　친환경 건축물을 완성하는 데는 다양한 전문가의 노력이 필요합니다. 그중 친환경 건축사는 건축물을 어떻게 지을지 계획하는 중요한 역할을 하고 있어요.

　'친환경 건축사'가 어떤 일을 하는지 궁금해진다고요? 지금 바로 알아보아요!

지구의 미래를 생각하는 친환경 건축사

친환경 건축사가 무엇인지 알려면 일단 건축사가 무엇인지 알아야겠지요. 건축사는 건축물을 설계하거나 공사 과정을 감독하고 관리하는 사람이에요. 예를 들어 집을 지으려면, 먼저 집을 지을 수 있는 땅인지 검사해야 해요. 그리고 그 집에 살 사람과 충분히 이야기를 나누면서 어떤 집을 원하는지 파악해야 하지요.

건축사는 집의 크기와 디자인뿐만 아니라 집을 짓는 데 필요한 재료와 방법 등을 모두 계획해요. 심지어 정원처럼 집을 둘러싼 주변 환경도 고민해야 해요. 이 모든 부분을 계획한 후에 건축 설계도를 그려 나간답니다. 설계에 따라 집이 지어지는지 일일이 점검하고, 예상하지 못한 문제점은 없는지 살펴봐야 해요.

특히 친환경 건축사는 신재생 에너지를 사용하고 단열, 즉 열의 이동을 막는 데 주의를 기울여요. 설계 과정에서부터 지구의 미래를 우선으로 생각하지요.

친환경 건축사가 되려면?

건축사는 창의적인 활동을 하므로 창의성과 상상력이 풍부해야 해요. 입체적인 삼차원 구조물을 설계하는 공학적·수학적 능력과 아름다운 건축물을 짓는 미적 감각이 필요해요. 프로젝트를 완성하기까지 여러 사람과 어울려 일해야 하니 성실성과 책임감을 갖추어야 하고요.

특히 친환경 건축사가 되기 위해서는 지구 환경에 관심을 기울이고, 신재생 에너지와 관련된 분야를 깊이 이해해야 한답니다. 최근 많은 사람이 환경 또는 에너지와 관련된 녹색 직업 분야에 흥미를 느끼고 있어요. 그래서 친환경 건축사 외에도 기후변화 전문가, 해양 연구원, 신재생 에너지 발전 연구원 등 다양한 종류의 직업이 새롭게 생겨날 거예요.

건축사가 되려면 기본적으로 전문대학이나 4년제 대학교의 건축학과 또는 건축공학과에 입학하여 공부한 뒤 건축사 자격시험에 합격해야 해요.

> 한 발 앞으로

제로 에너지 하우스와 패시브 하우스

제로 에너지 하우스란 무엇일까요? 에너지를 전혀 사용하지 않는 집일까요? 하지만 일상생활을 하려면 일정한 양의 에너지가 필요해요. 에너지를 전혀 사용하지 않는 집은 있을 수 없어요. 제로 에너지 하우스는 에너지를 사용하지 않는 집이 아니라 화석연료를 이용하여 얻은 에너지 소비가 제로인 집이에요.

화석연료를 이용하여 에너지를 얻지 않는다면, 집에서 신재생 에너지를 만들어 활용해야 하겠지요. 그리고 열 이동을 최대한 막아서 에너지를 가능한 한 적게 잃어버리도록 해야 해요.

특히 열 이동을 막아 단열 성능을 높인 집을 패시브 하우스라고 해

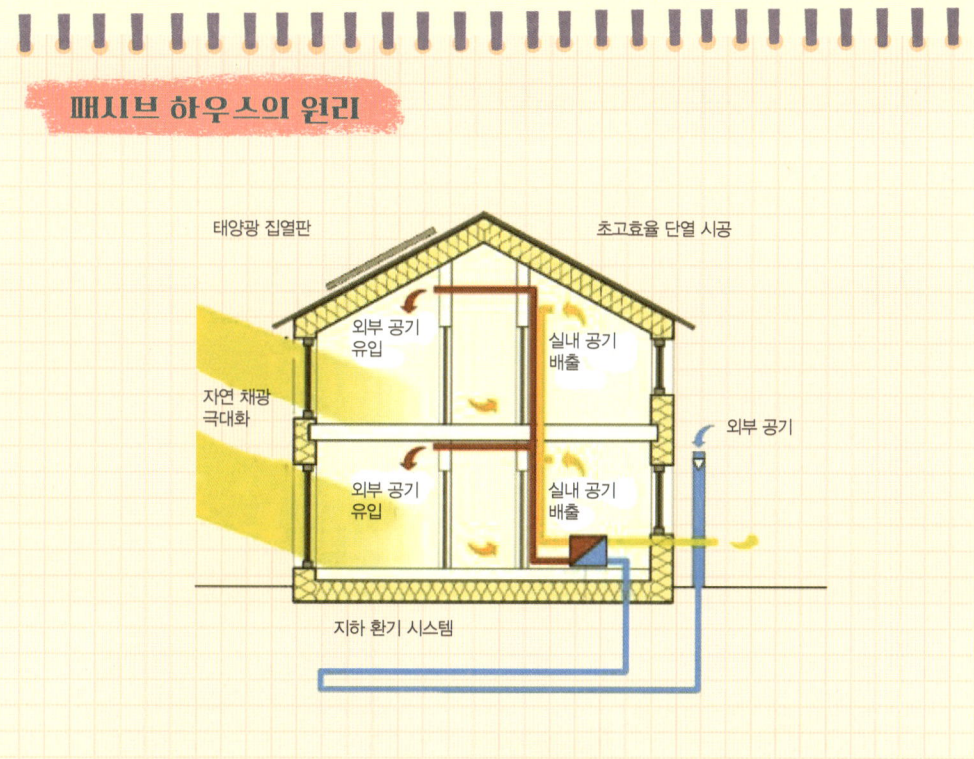

요. 영어 단어 패시브(passive)는 '수동적인'이라는 뜻이에요. 에너지를 능동적으로 만들어 사용하는 집을 액티브(active) 하우스라고 합니다.

　패시브 하우스를 건축할 때는 창문이나 벽을 통해 잃어버리는 열을 줄이도록 단열 공사를 해요. 또 땅속의 냉기와 온기를 이용해 온도를 적절히 조절한 뒤 공기를 집 안으로 들어오게 해요. 이렇게 하면 겨울에는 공기를 따뜻하게, 여름에는 시원하게 바꿀 수 있어요.

신재생 에너지, 지구온난화를 부탁해

 오늘날 화석연료가 줄어들고 지구의 평균기온이 점점 높아지는 문제가 심각해요. 신재생 에너지는 화석연료를 대체하고 지구온난화 문제를 해결하기 위해 개발되었어요.
 그렇다면 신재생 에너지란 무엇일까요? 신재생 에너지는 석유나 석탄, 원자력, 천연가스가 아닌 에너지를 가리키는데, 신에너지와 재생에너지로 구분할 수 있어요.
 새로운 에너지 전환 기술을 이용하는 신에너지에는 연료에서 직접 전기를 얻는 연료전지, 고체 상태의 석탄을 액체나 기체로 바꾸어 사용하는 석탄액화·가스화 에너지, 수소 가스를 연소시켜 얻는 수소에너지가 있습니다.

　계속 사용해도 에너지자원이 사라지지 않는 재생에너지에는 태양열·태양광·풍력·수력·지열·해양 에너지인 자연에너지와 생명체의 에너지를 이용하는 바이오매스, 인간이 활동하고 난 뒤 나오는 폐기물을 이용하는 폐기물 에너지가 있어요.

　어때요? 이제 제로 에너지 하우스와 신재생 에너지가 무엇인지 알겠지요. 그럼 지금부터 직접 제로 에너지 하우스를 설계하면서 친환경 건축사에 도전해 볼까요?

태양광 에너지 하우스 만들기

우리는 아주 오래전부터 태양에너지를 이용해 왔습니다. 태양은 빛과 함께 열을 내는데, 이를 이용해 에너지를 생산하는 방법을 각각 태양광발전과 태양열발전이라고 해요. 그렇다면 두 방법은 서로 어떻게 다를까요?

실리콘 같은 반도체로 만든 태양전지에 태양광을 비추면 전기에너지를 얻을 수 있는데, 이를 태양광발전이라고 해요. 태양열을 집열판에 모으거나 거울반사를 이용하여 한곳에 집중시켜 물을 데우는 방법을 태양열발전이라고 하고요.

자, 이제 태양광으로 에너지를 스스로 만드는 집을 만들어 볼까요?

준비물

벽체 부품, 지붕 부품, 받침대용 종이 상자, 태양전지판, 절연 고무캡, 피에조 스피커, 양면테이프

1 태양전지판의 전선을 지붕 구멍에 넣고 양면테이프로 고정하세요.

2 벽체 부품을 접어 조립하세요.

3 받침대로 사용할 종이 상자 위에 벽체를 끼워 조립하세요.

4 피에조 스피커를 벽체 홈에 끼워 넣은 뒤 양면테이프로 고정하세요.

5 태양전지판의 전선과 피에조 스피커의 전선을 같은 색끼리 맞추어 연결한 뒤 절연 고무캡을 끼워 주세요.

6 지붕을 벽체 위에 끼워 조립하면 완성이랍니다. 태양빛을 받게 하면 음악이 흘러나올 거예요(형광등 아래에 두어도 돼요).

나만의 직업을 찾아볼까?

움직이는 조각의 비밀

우리가 주변에서 쉽게 볼 수 있는 조각으로는 무엇이 있을까요?

여러분도 '움직이는 조각'이라고 하는 모빌을 본 적이 있을 거예요. 그렇다면 모빌은 어린 아기들의 시력 발달을 위해 사용하는 장난감일 뿐일까요? 아기들에게 즐거움을 주는 모빌보다 훨씬 더 크고 색다른 모빌도 있답니다.

왼쪽 사진은 크레인(무거운 물건을 이동시키는 기계)을 이용해 직접 공중에 매달려 '인간 모빌'을 선보이고 있는 한 프랑스 공연 팀의 모습이에요.

길고 짧은 여러 개의 지레에 사람들이 균형을 맞추며 매달려 있어요. 이 인간 모빌이 어떻게 균형을 이루었는지 생각해 보면 더욱 놀라지 않을 수 없어요.

모빌을 처음으로 만든 사람은 누구일까요? 바로 미국의 유명한 조각가인 알렉산더 칼더입니다. 칼더는 우리 예상과는 달리 미술대학이 아니라 공과대학을 졸업했어요. 공학을 공부한 사람이 움직이는 모빌을 만들었다니, 모빌에도 무엇인가 과학적 원리가 숨어 있을 것 같은 느낌이 들지요? 실제로 칼더는 조각에 과학적 원리를 결합하여 움직이는 모빌을 만들어 냈어요.
　　모빌에 숨겨진 과학적 원리를 살펴보고, 우리만의 개성 넘치고 멋진 모빌을 직접 설계하며 '조각가' 체험을 해 볼까요?

예술 작품을 만드는 조각가

마치 깎아 놓은 듯이 잘생긴 사람을 보면, 조각 같은 외모를 가졌다고들 말하지요. '조각'이란 공간에서 입체적인 형상을 만들어 내는 시각 예술이에요. 조각 작품을 만드는 미술가를 '조각가'라고 해요.

세계적으로 유명한 조각 작품에는 프랑스 조각가 오귀스트 로댕의 〈생각하는 사람〉과 〈칼레의 시민〉, 프랑스 루브르박물관에 있는 〈밀로의 비너스〉 등이 있어요.

조각가가 만든 작품은 미술관뿐만 아니라 도시의 광장이나 거리 또는 건물의 외부나 로비에 설치되기도 해요. 조각 작품을 모아 멋진 자연경관과 어우러지도록 조각 공원을 조성하기도 하지요.

조각가가 되려면?

조각가는 예술적 감각과 정신을 작품에 담아서 보는 사람에게 감동을 주는 미술가예요. 미술의 영역은 아주 넓은데, 크게 순수미술과 응용미술로 나눌 수 있어요. 순수한 예술로서 미술을 추구하는 순수미술에는 회화나 조각 등이 있고, 실용적인 미술을 추구하는 응용미술에는 디자인이나 공예 등이 있지요.

흔히 순수미술 분야의 조각을 전공한 미술가들을 조각가라고 불러요. 조각가는 돌이나 나무, 금속 등 다양한 재료를 조각도나 끌, 정, 연마기 등의 도구로 매만져 아름다운 예술 작품을 만들어요. 그래서 손재주는 물론 아름다움을 느끼는 감수성과 그것을 작품으로 표현해 내는 능력이 필요합니다. 이와 더불어 풍부한 창의력과 상상력, 공간 지각력, 과제 집중력, 사물에 대한 관찰력이 있으면 더욱 유리하답니다.

조각가가 되는 길에는 전문대학이나 4년제 대학교의 조소학과 또는 환경조각학과에 진학하여 이론과 실기 능력을 다지는 방법이 있어요.

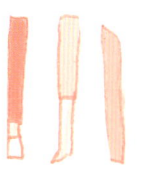

> 한 발 앞으로

모빌에 숨겨진 지레 원리

시소에서 두 사람이 수평을 이루려면 어떻게 해야 할까요? 몸집이 큰 사람이 시소의 중심에 더 가까이 앉고, 몸집이 작은 사람이 시소의 중심에서 더 멀리 앉으면 되지요.

양쪽에 있는 물체의 무게나 중심에서 각 물체까지의 거리를 적절히 조절해야 아름다운 모빌을 만들 수 있어요. 모빌의 중심이 되는 긴 막대의 양쪽에 무게가 다른 물체가 매달려 있을 때 지레가 수평이 되도록 하는 데에는 과학적 원리가 숨어 있답니다.

지레란 막대의 한 점을 받친 뒤 그 점을 중심으로 한쪽에는 물체를

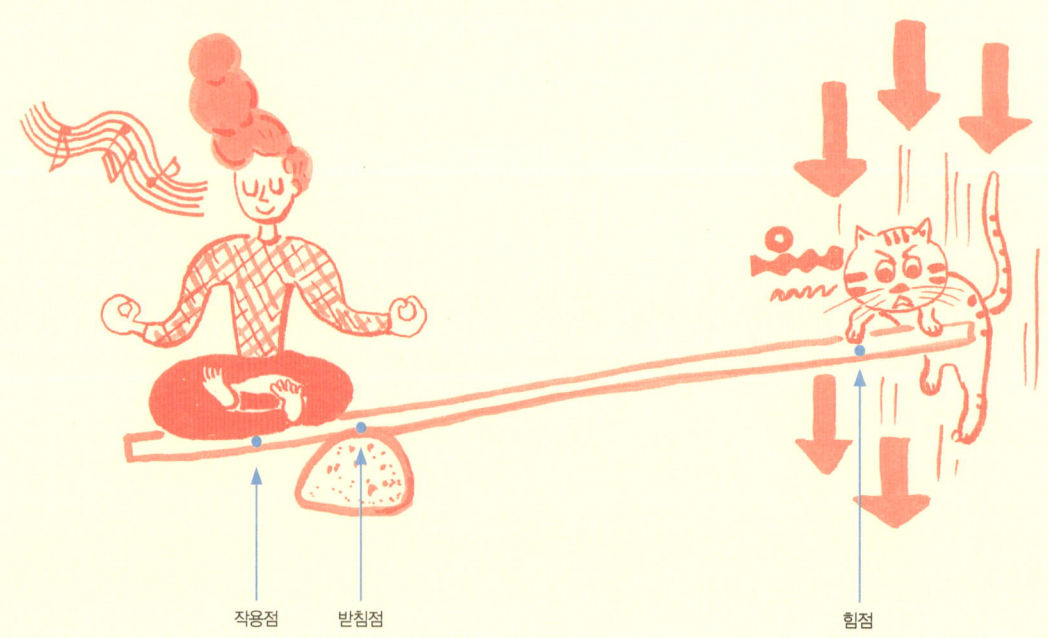

작용점   받침점   힘점

올리고, 다른 쪽에는 힘을 주어 무거운 물체를 들어 올리는 기구예요.

지레에는 받침점, 힘점, 작용점이 있어요. 받침점이란 지레를 받치는 지점을, 힘점이란 지레에 직접 힘을 작용하는 지점을, 작용점이란 지레가 물체에 힘을 작용하는 지점을 말해요.

지레를 이용하면 적은 힘으로 무거운 물체를 들어 올릴 수 있어요. 그리고 받침점과 작용점 사이의 거리보다 받침점과 힘점 사이의 거리가 멀수록 힘이 더 적게 들지요.

이것은 물체 무게에 작용점까지의 거리를 곱한 값과 사람이 쓰는 힘에 힘점까지의 거리를 곱한 값이 같다는 지레 원리로 설명할 수 있답니다.

중력이 모이는 점, 무게중심

불규칙적인 형태의 물체를 수평으로 놓으려면 무게중심을 잘 맞추는 것이 매우 중요해요. 아래 사진의 콜라병과 지렛대는 무게중심을 잘 맞추었기 때문에 넘어지지 않는 거예요.

무게중심이란 물체의 어떤 곳을 매달거나 받쳤을 때 수평으로 균형을 이루는 점이에요. 물체 각 부분에 작용하는 중력이 모이는 작용점을 말하지요.

콜라병과 지렛대의 무게중심

자, 간단한 실험으로 불규칙하게 생긴 물체의 무게중심을 찾아볼까요? 폼포드, 펀치, 가위, 칼, 고정된 고리, 압정, 실, 추, 자, 연필 등이 필요해요. 먼저 폼포드에 자신이 좋아하는 캐릭터나 모양을 그린 다음 테두리를 오려 모형을 만들어요.

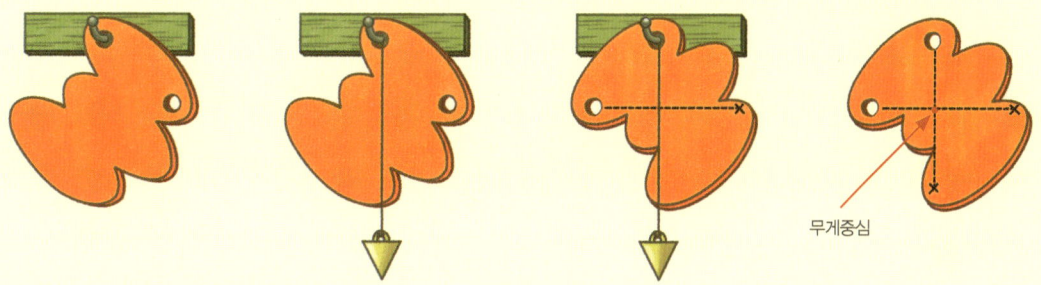

첫 번째, 펀치로 모형의 끝부분에 구멍을 두 군데 뚫고, 고정된 고리에 모형을 거세요.

두 번째, 끝부분에 추를 묶은 실을 고정된 고리에 걸어 늘어뜨리고, 자를 이용하여 실을 따라 선을 긋습니다.

세 번째, 모형의 다른 구멍을 고정된 고리에 걸고, 추를 묶은 실을 걸어 늘어뜨린 다음 실을 따라 선을 또 그어요.

네 번째, 선 두 개가 만나는 점을 손가락 끝에 올리면 모형이 균형을 이루는 것을 볼 수 있어요. 이 점이 바로 '무게중심'이에요.

> 함께 실험해요

지레 원리를 활용한 모빌 설계하기

미래의 조각가 여러분, 우리 학교의 상징물이 될 모빌 아트의 아이디어를 공모합니다. 움직이는 그림을 평면에 나타내는 능력을 갖추었다면 누구나 응모할 수 있답니다. 여러분의 빛나는 창의력을 펼쳐 주세요! 기발한 상상이 가득 담긴 작품을 기다립니다.

★ 규모: 가로 30cm × 세로 30cm × 높이 50cm 이내
★ 무게: 천장에 매달 구조물의 무게 합계가 3kg 이내
★ 무게중심 천장에 매달 때는 좌우의 무게 균형을 고려하세요.

1 어떤 모빌을 만들지 주제를 생각해 보세요.

작품명

스케치

2 다음 사항에 유의하여 모빌의 형태를 구체적으로 생각해 보세요.

★ 지레는 반드시 직선 형태가 되어야 하나요?

지레 모양은 상상하는 대로 다양하게 나타내도 좋아요.

★ 지레의 개수는 몇 개가 되어야 하나요?

정해진 개수는 없지만, 많을수록 더욱 아름다운 모빌이 될 거예요.

★ 지레의 양쪽에 반드시 같은 개수의 물체를 매달아야 하나요?

반드시 같은 개수가 아니더라도 괜찮아요.

지레 개수	
지레에 매달 물체의 종류와 개수	
지레와 물체를 연결할 실의 종류	

3 지레 원리를 활용한 모빌을 설계해 볼까요? 모빌 구조와 더불어 어떤 재료를 사용할지도 고민한 뒤 지레의 무게중심을 고려하여 작품 도안을 완성해 보세요.

작품명	
작품 의도	
작품 도안	

> 나만의 직업을 찾아볼까?

과학기술과 예술의 만남

4차 산업혁명 시대인 오늘날 인공지능과 여러 첨단 기술이 발달하는 가운데, 예술 분야에서도 큰 변화가 일어나고 있어요. 예술과 과학기술의 만남, 바로 '미디어 아트'가 그 주인공이에요.

미디어 아트는 디지털 시대를 살아가는 21세기에 새롭게 주목받는 미술 장르로, 공간이나 세대의 경계를 뛰어넘어 남녀노소 할 것 없이 누구나 쉽게 즐길 수 있답니다. 미디어 아트가 어떤 미술 장르인지 좀 더 자세히 살펴볼까요?

사진, 영화, 텔레비전, 비디오, 컴퓨터 등 우리에게 친숙한 대중매체

를 '미디어'라고 하지요. 미디어 아트는 사진, 영상, 텔레비전, 컴퓨터, 인터넷, 터치스크린, LED, 레이저, 빔프로젝터 등 현대에 등장한 다양한 미디어 기술을 미술에 적용한 예술입니다. 미디어 아트에서는 캔버스와 물감 대신 새로운 미디어 기술과 장비를 표현의 도구로 사용해 색다른 예술 세계를 창조해 내요.

  미디어 아트 전시회에 가 보면, 관람객이 가만히 서서 작품을 바라보기만 하는 작품은 거의 찾아볼 수 없어요. 관람객이 보고 만지며 직접 체험함으로써 비로소 완성되는 체험형 작품이 많아요.

  예를 들어 위 사진은 일본 도쿄에서 열린 인터랙티브 전시 중 하나로, 관람객인 아이들이 미끄럼을 타면서 영상 속 과일과 접촉하면 불꽃이 터지는 멋진 광경을 볼 수 있어요.

위 사진 속 전시 역시 관람객이 체험하고 참여하는 방식이랍니다. 관람객들은 그 자리에서 직접 물고기를 색칠하고 스캔한 뒤 디지털 수족관에 띄워 감상하지요.

그렇다면 지금부터 이렇게 새롭고 멋진 미디어 아트의 세계를 과학 기술과 예술의 융합으로 마음껏 펼쳐 나가는 예술가 '미디어 아티스트'를 만나 볼까요?

예술 세계로 초대하는 미디어 아티스트

미디어 아티스트는 단순히 보는 예술이 아니라, 모두가 즐길 수 있는 예술을 만들기 위해 노력합니다. 그래서 감상하는 사람이 능동적으로 작품에 뛰어들 수 있도록 작품 시스템을 설계해요.

이때 관람객이 참여함에 따라 변화하고 발전하는 작품에 흥미와 만족감을 느낄 수 있어야 해요. 그러려면 작품에 참신하고 흥미로운 주제를 담고, 관람객이 작품을 통해 새롭고 낯선 경험을 할 수 있도록 만들어야 하겠지요.

미디어 작품은 보통 다음과 같은 과정을 거쳐 완성된답니다.

가장 먼저 '사람들에게 감동을 주는 멋진 미디어 아트를 만들어야지!'라고 목표를 세웠다면, 이 목표를 이루기 위한 구체적인 아이디어가 필요해요.

참신한 아이디어는 남들과 다르게 생각하는 과정에서 떠오르기도 하고, 일상 속의 사소한 순간을 세심하게 관찰하다가 얻을 수도 있어요.

　아이디어를 작품으로 발전시키려면 작품 형태, 전시 장소, 작품에 참여하는 대상 그리고 재료에 대한 구체적인 계획을 세워야 해요. 이때 앞으로 제작할 작품과 관련된 정보를 다양하게 수집하며 본격적인 작업을 준비해요.

　작품의 기본 형태를 제작한 뒤 전시 공간 상황과 예산 범위를 고려하여 작품 규모를 정하고 최종적으로 전시할 작품을 제작하지요.

　작품을 완성해 나가는 과정은 만만치 않을 거예요. 하지만 끊임없이 질문하고 방법을 찾다 보면 멋진 미디어 아트 세계로 한 발짝 나아갈 수 있어요!

미디어 아티스트가 되려면?

미디어 아티스트는 첨단 기술에 관심이 많고 예술적으로 표현하기를 좋아하는 사람에게 잘 맞아요. 미적 감각, 창의적 사고, 융합적 사고가 요구되며, 기계장치나 프로그래밍 같은 기술을 다루는 능력이 필요해요.

전문대학이나 4년제 대학교에서 멀티미디어디자인, 디지털미디어디자인, 아트앤드테크놀로지, 영상시각디자인, 미디어디지털아트 등의 학과를 전공하면, 멀티미디어 매체를 이용한 디자인 교육과 이론 및 실기를 익힐 수 있어요.

세계적인 교육기관으로는 미국 시카고 예술대학 아트앤드테크놀로지 학과, 메사추세츠 공과대학교 미디어랩, 뉴욕대학교 인터랙티브 텔레커뮤니케이션 프로그램, 일본 정보과학예술대학원 등이 있어요.

광주에서는 매년 미디어 아트 페스티벌이 열리고, 서울시립미술관에서는 2년에 한 번씩 서울 국제 미디어 아트 비엔날레가 열린답니다. 미디어 아티스트를 꿈꾼다면 이런 행사에 참여해서 다양한 정보와 경험을 얻어 보세요.

한 발 앞으로

작품과 관람객의 소통

미디어 아트에는 인터랙티브 아트, 디지털 아트, 비디오아트, 프로젝션 맵핑, 미디어 파사드 등이 있어요. 이 중에서 인터랙티브 아트와 프로젝션 맵핑, 미디어 파사드에 대해 알아볼게요.

인터랙티브 아트(interactive art)란 관람객의 반응에 따라 작품에 다양한 변화가 일어나도록 함으로써 관람객을 작품의 일부로 참여시키는 미디어 예술이에요. 가장 널리 알려지고 쉽게 접근할 수 있는 미디어 아트의 한 종류이지요.

다양한 재료를 이용하여 〈기계 거울〉을 만들어 낸 이스라엘 아티스트 다니엘 로진의 작품을 살펴볼까요? 오른쪽 로진의 작품은 센서와 모터에 의해 작동하는 '인터랙티브 아트'예요. 관람객이 작품 앞에 서면 그 안에 숨겨진 카메라가 관객의 이미지를 컴퓨터에 전달합니다. 전달된 이미지는 영상신호로 바뀐 뒤 픽셀로 쪼개져 다시 모터로 보내져요. 마치 거울처럼 앞에 선 관람객의 이미지와 움직임에 따라 움직이는 것이지요.

이처럼 인터랙티브 아트는 관람객이 작품에 적극적으로 반응하고, 때로는 작품의 일부가 되기에 더욱 즐겁답니다.

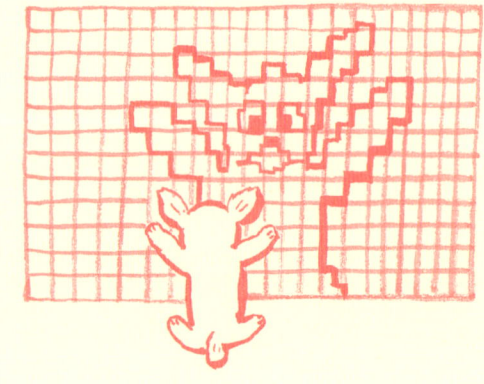

　프로젝션 맵핑이란 대상물의 표면에 빛으로 이루어진 영상을 투사하여 변화를 줌으로써 현실에 존재하는 대상이 다른 성격을 가진 것처럼 보이도록 하는 기술이에요. 위 사진도 바로 프로젝션 맵핑 전시랍니다. 레이저 프로젝터를 통해 화려한 레이저 그래픽을 벽에 씌워 새로운 가상공간을 만들어 냈지요.

　미디어 파사드란 건물 외벽에 프로젝션 맵핑 기술을 적용하는 것이에요. '미디어(media)'와 건물의 외벽을 뜻하는 '파사드(facade)'가 합쳐진 말로 건물 외벽에 다양한 콘텐츠 영상을 투사하는 기술이에요.

　건축물 외벽에 수만 개의 LED를 부착하거나 빔프로젝터를 쏘아서 멋진 영상을 표현합니다. 이러한 미디어 파사드는 기업 조형물, 전시

　관, 문화재, 옥탑 광고물 등 다양한 건축물에 사용될 수 있어요.

　위 사진은 국립과천과학관 자연사관에서 볼 수 있는 미디어 파사드로 세계 최대의 종려나뭇잎 화석 발굴 과정을 보여 주고 있어요.

　새로운 텍스트, 이미지, 동영상을 투사함으로써 언제나 같은 모습의 건축물을 또 다른 모습으로 탈바꿈시킨다는 면에서 미디어 파사드는 예술적 가치가 있답니다.

함께 실험해요

환상의 무한 거울 만들기

일본 설치미술가 쿠사마 야요이의 〈무한 거울방〉은 천장과 사방이 거울로 둘러싸여 있고 바닥에 물이 있어요. LED 전구 색이 바뀔 때마다 마치 무한한 우주 한가운데 들어온 듯한 기분을 느낄 수 있답니다.

여러분도 거울, 반 거울, LED바를 이용해서 빛의 무한 반사를 만들 수 있어요. 환상의 무한 거울을 창작해서 미디어 아티스트로서 첫걸음을 내디뎌 볼까요?

준비물

아크릴 거울 1개, 반 거울(매직 미러) 1개, EVA폼 막대 4개, LED바, 스위치형 9V 건전지 홀더, 9V 건전지, 양면테이프, 절연테이프 또는 종이테이프, 칼, 가위, 자, 형광 마커 등

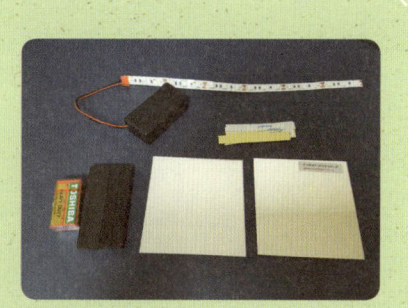

1 아크릴 거울의 가장자리 네 부분에 양면테이프를 붙인 뒤 EVA폼 막대를 붙이세요.

환상과 현실을 넘나들다 | 미디어 아티스트 • 49

2 9V 건전지 홀더에 건전지를 넣고,
스위치를 켜서 불이 들어오는지
확인하세요.

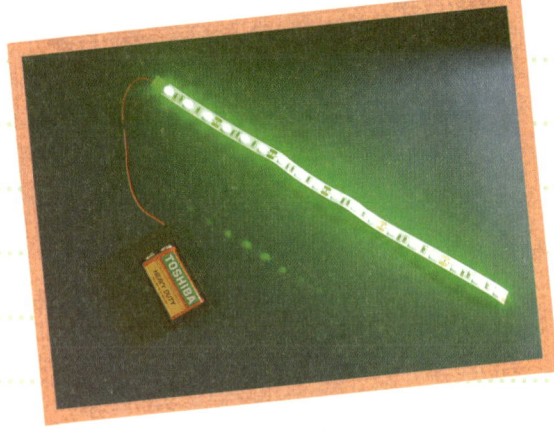

3 아크릴 거울에 거울 면을 향하도록 LED바를 넣고,
완성할 모양의 틀을 잡아 보세요.

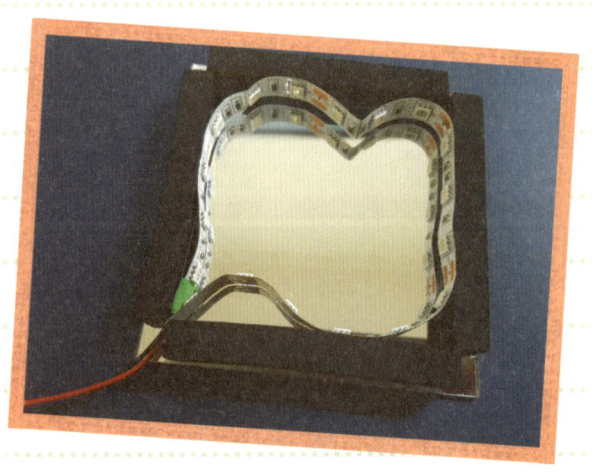

4 LED바의 양면테이프 보호 필름을 벗긴 뒤, EVA폼 막대 벽과 거울에 고정하세요. 이때 건전지 전선은 EVA폼 막대 사이 틈으로 빼내세요.

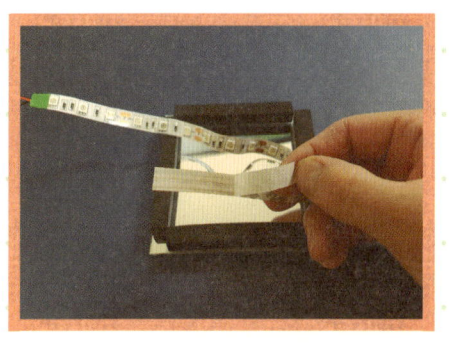

5 반 거울의 보호 필름을 벗겨 내고 맨 위를 덮은 뒤 스위치를 켜서 LED바의 반사 상을 관찰하세요.

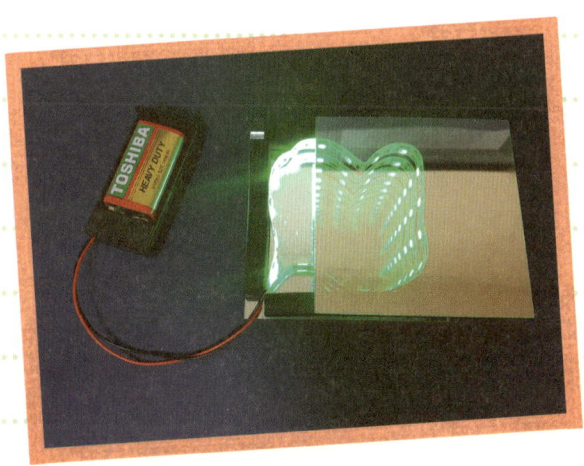

6 EVA폼 막대 4개에 양면테이프를 붙인 뒤 반 거울을 단단하게 고정하세요.

7 절연테이프나 종이테이프로 전체 틀을 감싸 액자처럼 만들고, 건전지 홀더를 이용해 지지대를 만들어 주세요.

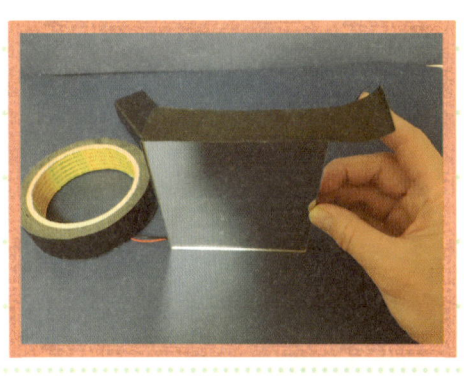

8 완성된 무한 거울 속 LED바의 상을 관찰하고, 몇 개의 상이 만들어지는지 확인하세요.

9 완성된 '환상의 무한 거울'을 마음껏 감상하세요.

10 앞으로 도전하고 싶은 미디어 아트에 대한 구상도를 간단히 그려 보세요.

즐거운 Tip

- 거울에 지문이나 얼룩이 묻지 않도록 조심하세요.
- 반 거울의 보호 필름은 작업할 때는 한쪽만 벗기고, 완성하기 직전에 반대쪽을 벗기세요.
- 아크릴 거울과 반 거울 사이에 빛을 잘 반사할 수 있는 흰색 또는 은색 물체나 투명한 물체를 양면테이프로 고정해서 넣으면 더 멋진 작품을 만들 수 있어요.
- 거울에 형광펜으로 그림을 그려서 나만의 작품을 꾸며 볼 수도 있어요.

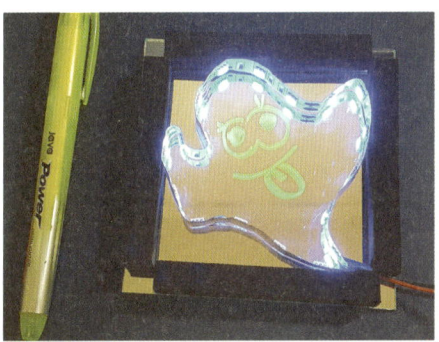 

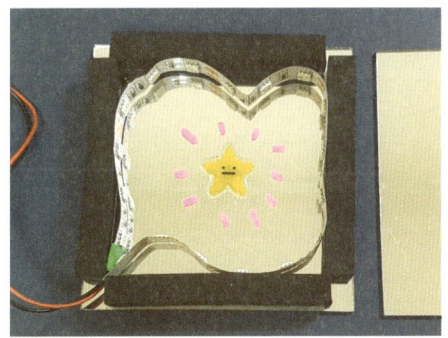 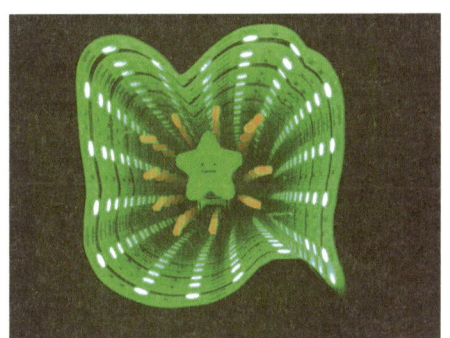

나만의 직업을 찾아볼까?

좋은 디자인이란

우리는 무언가를 볼 때 여러 정보를 동시에 판단해요. 눈으로 쓱 가볍게 보는 것 같지만 뇌는 빠르게 겉모습뿐만 아니라 그 물건이 쓰임에 적절한지, 함께 있는 것들과 잘 어울리는지 등 다양한 정보를 종합적으로 생각하니까요. 즉, 좋은 디자인이란 눈으로 보기 좋을 뿐만 아니라 기능도 좋아서 전체적으로 물건 쓰임새에 알맞게 만드는 것을 의미해요.

21세기는 다른 제품과의 차별화를 넘어 새로운 아이디어가 필요한 시대예요. 이제 좋은 디자인은 보기 좋은 모양새와 쓰임새뿐만 아니라 새로운 아이디어와 문제 해결력까지 포함해요. 기존 제품이 지닌 문제점을 찾아내서 혁신적인 제품으로 탈바꿈하는 과정 자체가 '디자인'이라고 할 수 있어요.

세상을 바꾸는 디자이너

세계 최초로 개인용컴퓨터를 판매한 회사는 어디일까요? 바로 애플이에요. 1977년 최초의 개인용컴퓨터를 만들어 팔기 시작한 애플은 1980년대에 또다시 최초로 컴퓨터에 마우스를 장착해서 세상에 내놓았어요.

위 사진은 애플이 1983년에 개인용컴퓨터 리사와 함께 선보인 상업용 마우스예요. 2차원 평면을 돌아다닐 수 있는 마우스가 컴퓨터 자판에 덧붙여지면서 컴퓨터의 활용도가 크게 높아졌지요.

당시 최고의 컴퓨터 회사는 IBM이었고 이미 마우스도 발명되어 있었지만, 애플은 개인용컴퓨터를 사용하기 쉽게 개발했어요. 또 애플은 보기 힘든 컴퓨터 글자체를 바꿨어요. 이를 폰트라고 하지요. 파란 바탕에 점으로 표현된 글자가 지금처럼 세련된 모양으로 바뀐 것은 애플의 공이 크다고 할 수 있어요.

어때요. 디자인이 무엇인지, 어떤 세계를 만드는지 느낌이 오나요?

　흔히 디자이너라고 하면 옷이나 생활용품 디자인을 떠올리는데, 가전제품이나 자동차, 건물 등 우리 일상에서 사용하는 모든 것이 디자이너 손을 거친답니다. 따라서 디자이너에게는 자신이 디자인할 대상에 따라 특화된 디자인 능력이 필요해요.

　가장 널리 활용되는 시각디자인을 예로 들어 볼게요. 시각디자이너는 시각을 통해 다양한 정보가 효율적으로 표현되고 전달될 수 있도록 이미지를 구성하고 나타내요. 디자인 의뢰가 들어오면 작업의 기본 방향과 디자인의 기본 개념을 설정하고, 목적에 맞는 결과물을 전체적으로 검토한 뒤 사진, 그림, 글 등을 시각적으로 배치해요. 완성된 디자인은 내부 검토를 거쳐 의뢰인에게 보내요. 때로는 의뢰인도 제작 과정에 함께하며 디자인이 시안대로 잘 완성되었는지 검토한답니다.

디자이너가 되려면?

디자이너란 예술적 능력이 필요하다는 면에서는 미술가라 할 수 있지만, 제품 특성을 파악한다는 면에서는 기계공학자와 같은 능력이 필요해요. 소비자를 파악한다는 면에서는 심리학자, 경제학자와 같은 능력이 요구되기도 하지요.

디자이너는 다양한 정보를 소비자가 이해하기 쉬운 형태로 디자인 해야 하므로 분석적 사고와 새로움을 추구하려는 혁신성, 색채 감각 및 조형 감각 등을 갖추어야 해요. 디자인과 예술에 대한 지식은 물론, 마케팅과 제품 제조에 대한 지식과 컴퓨터 멀티미디어 프로그램을 원활하게 다룰 수 있는 능력이 필요해요.

하지만 혼자 이 모든 능력을 감당하기는 어려워요. 그래서 디자이너는 각 영역에서 필요한 능력을 갖춘 사람들과 팀을 이뤄 활동해요. 이처럼 디자인 작업은 여러 사람이 아이디어를 주고받으며 협업하는 과정이 많아 소통 능력이 매우 중요해요.

전문대학이나 4년제 대학교에 디자인 영역에 따라 시각디자인과, 의상디자인과, 제품디자인과, 공업디자인과, 환경디자인과, 웹디자인과 등 다양한 학과가 있답니다.

> 한 발 앞으로

빛과 색의 원리 그리고 카멜레온 물감

프랑스 화가 클로드 모네에 대해 들어 본 적이 있나요? 모네는 야외로 나가 직접 눈으로 빛을 관찰하며 그림을 그리는 화가였어요. 모네의 유명한 작품 중에 〈수련〉이라는 연작이 있어요. 한 가지 주제를 가지고 시시각각으로 변하는 모습을 다양하게 표현한 그림이지요.

그런데 이 연못의 진짜 색깔은 무엇일까요? 모네는 왜 같은 연못을 각기 다른 색으로 그렸을까요?

세상의 모든 물질은 저마다 고유한 색을 가지고 있어요. 물질에 빛이 들어가면 물질을 구성하는 분자(물질에서 화학적 형태와 성질을 잃지 않은 채 분리될 수 있는 최소의 입자)가 일부의 빛은 흡수하고 나머지는 반사하지요. 빛을 모두 반사하면 흰색으로 보이고, 모두 흡수하면 검은색, 모두 통과시키면 투명하게 보여요.

예를 들어 초록색 나뭇잎은 빨강, 파랑 등의 빛은 흡수하고 초록빛

빛의 반사와 색깔

백색광
녹색광

 을 반사하기 때문에 초록색으로 보이지요. 그래서 빛이 달라지면 색도 달라져요. 나뭇잎에 초록빛이 없는 빨간빛을 비춰 주면 반사할 초록빛이 없으므로 검은색으로 보입니다. 색은 물질의 고유한 특성이지만 빛이 달라지면 색도 달라지는 법이지요.

 물질이 어떤 색의 빛을 흡수하는지는 물질을 이루는 분자의 구조 등에 따라 달라져요. 분자구조는 쉽게 달라지지 않기 때문에 색깔도 변하지 않아요. 그래서 빨강 물감은 언제나 빨갛게 보이고, 파랑 물감은 언제나 파랗게 보여요.

 그런데 모든 물질의 분자구조가 다 안정적인 것은 아니에요. 주변

상황에 따라서 달라지는 분자들도 있어요.

시온 물감은 온도에 따라 색깔이 변하는 물감을 말해요. 온도에 따라 분자구조가 달라지거나, 분자들의 배열 방법 등이 달라지면서 고유한 색깔도 달라지는 거예요. 온도가 되돌아오면 처음의 색깔로 돌아오는 시온 물감도 있고, 한번 변하면 색이 돌아오지 않는 시온 물감도 있어요.

시온 물감은 실제로도 다양한 분야에서 활용되고 있어요. 예를 들어 어떤 카페에서는 봄철 기획 상품으로 시온 물감을 활용한 머그잔을 선보였는데요. 꽃이 그려진 이 머그잔은 뜨거운 물을 부으면, 예쁜 분홍빛으로 변하면서 꽃 그림이 더욱 선명하게 나타납니다. 시온 물감을 활용한 예를 더 다양하게 살펴볼까요?

생활 속에 활용된 예시	- 온도에 따라 색이 변하는 컵 - 얇은 플라스틱을 머리에 대면 체온이 표시되는 온도계 - 열이 닿으면 색깔이 변하는 티셔츠
제품 특성을 살려 마케팅에 응용된 예시	- 온도 변화로 맥주 잔여량을 보여 주는 맥주 캔 - 온도 변화를 알려 주는 프라이팬
산업용·군사용으로 활용된 예시	- 대용량 전기장치의 전동기, 변압기, 저항, 스위치 또는 도선의 접속 부위 등 과열될 가능성이 크고, 온도계를 사용하기 어려운 곳에서 안전사고를 예방하는 목적으로 많이 이용됨 - 1937년 군사용 목적으로 시온 물감 연구가 시작되었음

디자인부터 의료에까지 쓰이는 신소재

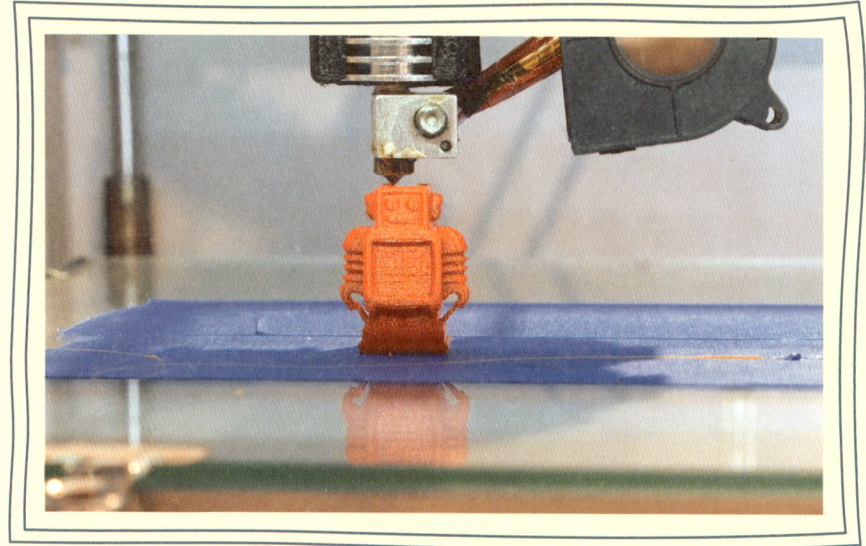

 시온 물감처럼 디자인 분야에 활용하기 좋은, 또 다른 신소재를 소개할 게요. 폴리카프로락톤(PCL)은 녹는점이 60도 전후인 고분자화합물이에요. 이 정도로 낮은 온도면 뜨거운 물에도 녹기 때문에 '물라스틱'이라고 불리지요.
 쉽게 녹여 원하는 모양을 만들 수 있어서 제품 시안(프로토타입)을 제작하는 데 활용되거나 3D프린터의 재료로 쓰여요. 사라진 병뚜껑처럼 생활에 필요한 부속품을 만들 수도 있고, 3D프린터를 활용해서 더욱 정교한 모양을 만들 수도 있어요. 폴리카프로락톤은 시간이 지나면 자

연스레 사라지고 몸에 해롭지 않은 특성을 띠고 있어 다양한 의료 연구에도 활용되고 있어요.

실제로 물라스틱을 활용한 기술로 생명을 구한 사례가 있어요. 기도가 열리고 닫히지 않는 기관지연화증을 가지고 태어난 아이 이안에게는 기도가 열려 있도록 보호해 줄 부목이 필요했어요. 부목은 아이의 성장에 따라 굵어져야 하고 나중에는 제거해야 하지요. 어린아이에게 여러 번의 수술은 매우 위험해요.

의료진은 물라스틱으로 열린 형태의 부목을 디자인하여 이 문제를 해결했어요. 이 부목은 물라스틱의 특성 때문에 자연스럽게 체내에 흡수되어 사라지지요. 이렇게 물라스틱은 의료에도 널리 활용된답니다.

> 함께 실험해요

카멜레온 물라스틱 액세서리 만들기

신소재를 활용하면 특별하고 활용도가 높은 작품을 디자인할 수 있어요. 물라스틱이라고 불리는 폴리카프로락톤과 시온 물감으로 나만의 액세서리를 만들어 보세요.

카멜레온처럼 온도에 따라 색이 변하는 물라스틱 액세서리를 만들어 보면, 멋진 디자이너의 세계로 한 걸음 더 가까이 다가설 수 있을 거예요.

준비물

물라스틱, 시온 물감, 뜨거운 물, 컵, 나무젓가락, 열쇠고리, Nd 자석, 몰드, 장갑

1 나만의 작품을 디자인하고 알맞은 재료로 필요한 양의 물라스틱과 원하는 색깔을 선택하세요. 색깔 물라스틱은 색이 진해서 두세 개 정도면 충분해요. 온도에 따라 색이 변하는 액세서리를 만들고 싶다면 시온 물감을 선택하세요.

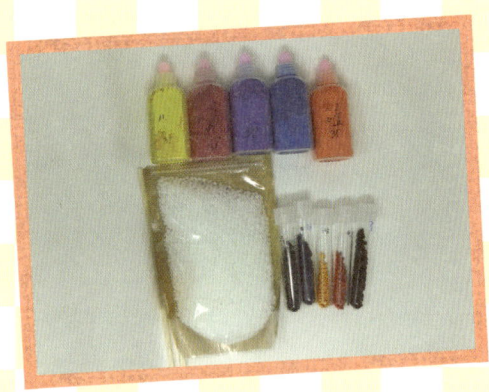

2 물라스틱을 컵에 넣고 뜨거운 물을 부어요. 색깔 물라스틱을 사용하려면 이때 함께 넣으면 돼요. 시온 물감은 물에 섞이기 때문에 사용하려면 3번 과정 다음에 넣어야 해요.

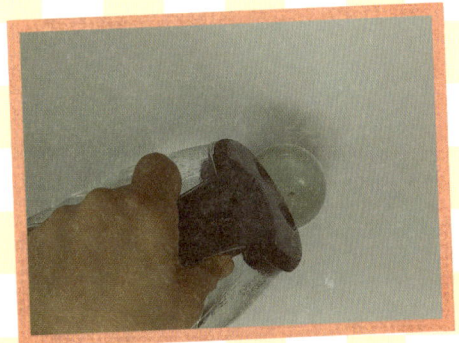

3 물라스틱이 녹아 투명해지면, 젓가락으로 건지고 손으로 주물러서 원하는 모양을 만들어요. (뜨거우니 장갑을 사용하거나 조금 식은 뒤 만져야 해요.) 시온 물감을 사용하려면 물에서 건진 물라스틱에 원하는 양을 넣고 손으로 주물러서 고르게 섞어 주세요. 만약 원하는 모양이 잘 나오지 않으면 다시 물에 넣어 녹인 뒤 만들면 돼요.

 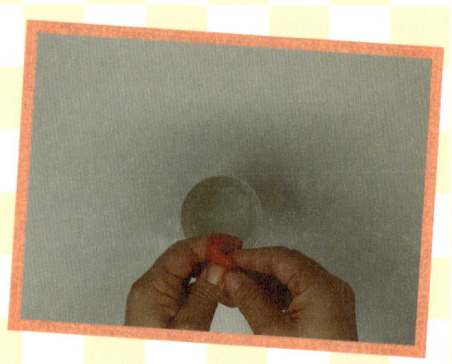

4 물라스틱이 굳기 전에 열쇠고리나 자석을 넣어 활용도를 높일 수 있어요. 물라스틱이 굳어서 넣기 어려우면 뜨거운 물에 넣거나 헤어드라이어를 활용하면 돼요.

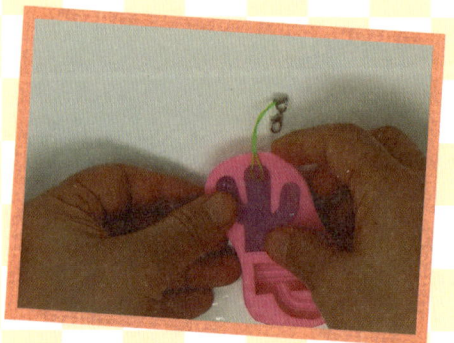

5 자, 멋진 나만의 물라스틱 액세서리가 완성되었답니다. 아래 사진은 시온 물감을 사용한 작품으로 뜨거운 물 속에 넣으면 색이 사라지는 과정을 볼 수 있어요.

3번 단계에서 뜨거운 물에 화상을 입지 않도록 주의하세요. 물라스틱을 만질 때 뜨거우면 조금 식힌 뒤 만지고, 장갑을 끼고 작업해도 돼요.

21세기 이야기꾼이 왔다

유튜브 크리에이터

나만의 직업을 찾아볼까?

내가 만든 콘텐츠가 방송으로

크리에이터란 '새로운 것을 창조하는 사람', 즉 '창작자'를 말해요. 개인이 직접 만든 콘텐츠를 인터넷을 통해 방송한다는 의미에서 '1인 창작자', '1인 미디어'라고 부르기도 하지요. 모든 사람이 손안에 작은 컴퓨터를 쥐게 되면서 원하는 콘텐츠를 찾거나 만들기 쉬워졌기 때문에 크리에이터는 어느새 우리에게 익숙한 직업이 되었어요.

요즘 우리는 필요한 정보를 찾을 때 주로 유튜브를 이용하지요. 유튜브에 영상을 만들어 올리는 사람을 '유튜브 크리에이터'라고 하는데 줄여서 '유튜버'라고도 불러요.

2018년 12월 교육부와 한국직업능력개발원이 진행한 초등학생 장래 직업 선호도 조사에서 유튜버는 5위를 차지했어요.

관심사나 취미 활동을 영상으로 담아내면서 사람들과 소통하고 수익도 생긴다는 이유로 많은 어린이가 이 일에 매력을 느끼고 있어요.

74 • 과학실에 숨은 미래 직업을 찾아라!

새로운 문화의 주인공, 유튜브 크리에이터

그룹 방탄소년단은 한국 가수 최초로 빌보드 차트 1위를 차지했어요. 멋진 군무, 음악성 등 다양한 요소가 성공 요인이지만 유튜브를 빼고 방탄소년단을 말할 수 없어요. 이들은 데뷔 전부터 트위터와 유튜브 채널을 통해 팬들과 활발히 소통하기 시작했어요.

이 덕분에 한국 방송 시청이 어려운 해외 팬들도 콘텐츠에 쉽게 접근할 수 있었지요. 저작권이 있는 방송사 영상보다 접근하고 퍼 나르기 쉬운 1인 제작 영상물들은 빠른 속도로 퍼져 나갔어요.

그리고 이제는 많은 유튜버가 수만 명의 구독자를 만들어 내며 연예

인 못지않은 인기를 얻고 있어요. 많은 사랑을 받는 유튜버들은 자기 채널과 연관된 광고에 등장하고, 책을 출간하기도 해요. 예를 들어 뷰티 유튜버가 화장품 광고를 찍고, 과학 유튜버는 과학책을 출간하기도 하지요.

　과학 축제에는 과학자들뿐만 아니라 과학을 소재로 한 유튜브 크리에이터들도 강연자로 참석해요. 과학에 대한 대중의 호기심을 좀 더 쉽고 재미있게 풀어 주는 과학 크리에이터들이 전문가로서 인정받고 주목받는 거예요.

　이는 '크리에이터' 자체가 새로운 문화를 만들어 내고, 하나의 직업으로 떠오르고 있다는 사실을 보여 주고 있어요.

유튜브 크리에이터가 되려면?

유튜브 크리에이터가 되는 데 특별한 자격이 필요하지는 않아요. 성별, 나이, 출신에 제한이 없지요. 자기만의 콘텐츠가 있고, 영상을 찍을 휴대폰이나 카메라와 컴퓨터, 편집 프로그램만 있으면 누구나 도전할 수 있어요.

인기 콘텐츠도 다양해요. 단순히 요리법이나 넥타이 매는 법을 설명하는 채널부터 일상 또는 여행의 풍경을 담은 채널, 입담과 재미를 두루 갖춘 게임 채널까지 내용이나 진행 방식 모두 각양각색이에요.

물론 한두 번 영상을 올려서는 시청자들의 신뢰를 얻을 수 없어요. 지속적으로 자기 이야기를 구성하고 만들어 내는 성실함이 필요해요. 또 시청자들이 최대한 오래 영상에 머무르게 하려면, 시청자 반응을 통계적으로 분석해야 해요. 반응을 종합적으로 분석할 수 있는 사고력과 타인의 마음을 해석하는 소통 능력이 필요하지요.

무엇보다 항상 선택받거나 인기를 얻기 어려운 상황에서도 마음가짐을 안정적으로 유지한다면, 즐거운 유튜브 크리에이터가 될 수 있답니다.

한 발 앞으로

유튜브 크리에이터 아카데미

유튜브는 자체적으로 크리에이터 교육을 진행해요. 크리에이터가 되고 싶은 사람은 누구나 웹사이트에 접속해서 교육과정을 거칠 수 있고, 75점 이상 점수를 받으면 자격증을 받을 수 있어요.

유튜브는 영상을 만들고 올리는 과정은 물론, 무료 음원 다운 및 영상 편집 방법 등 유튜버가 되기 위한 과정을 안내해요. 그렇다면 어떻게 유튜브 크리에이터가 될 수 있는지 차근차근 알아볼까요?

유튜브를 시작하기 전에

유튜브는 표현의 자유, 정보의 자유, 기회의 자유, 소속의 자유를 내세워요. 이처럼 유튜브에서는 누구나 자기가 하고 싶은 이야기를 자유롭게 공유하고, 창작의 열정을 쏟을 수 있어요. 카메라로 자기 이야기를 들려주는 스토리텔러가 되거나 새로운 방향의 음악을 추구하는 가수가 될 수도 있지요.

여러분은 유튜브에서 무슨 이야기를 하고 싶나요? 유튜버가 되고 싶다면, 먼저 관심 있는 채널을 세 개 정도 골라 보세요. 그 유튜버들은 동영상으로 자신을 어떻게 표현하는지, 나는 이 채널을 어떻게 활용하는지 적어 보는 거예요. 자신이 원하는 시청자와 채널의 모습을 구체적으로 생각해 보면, 좀 더 훌륭한 유투버가 될 수 있을 거예요.

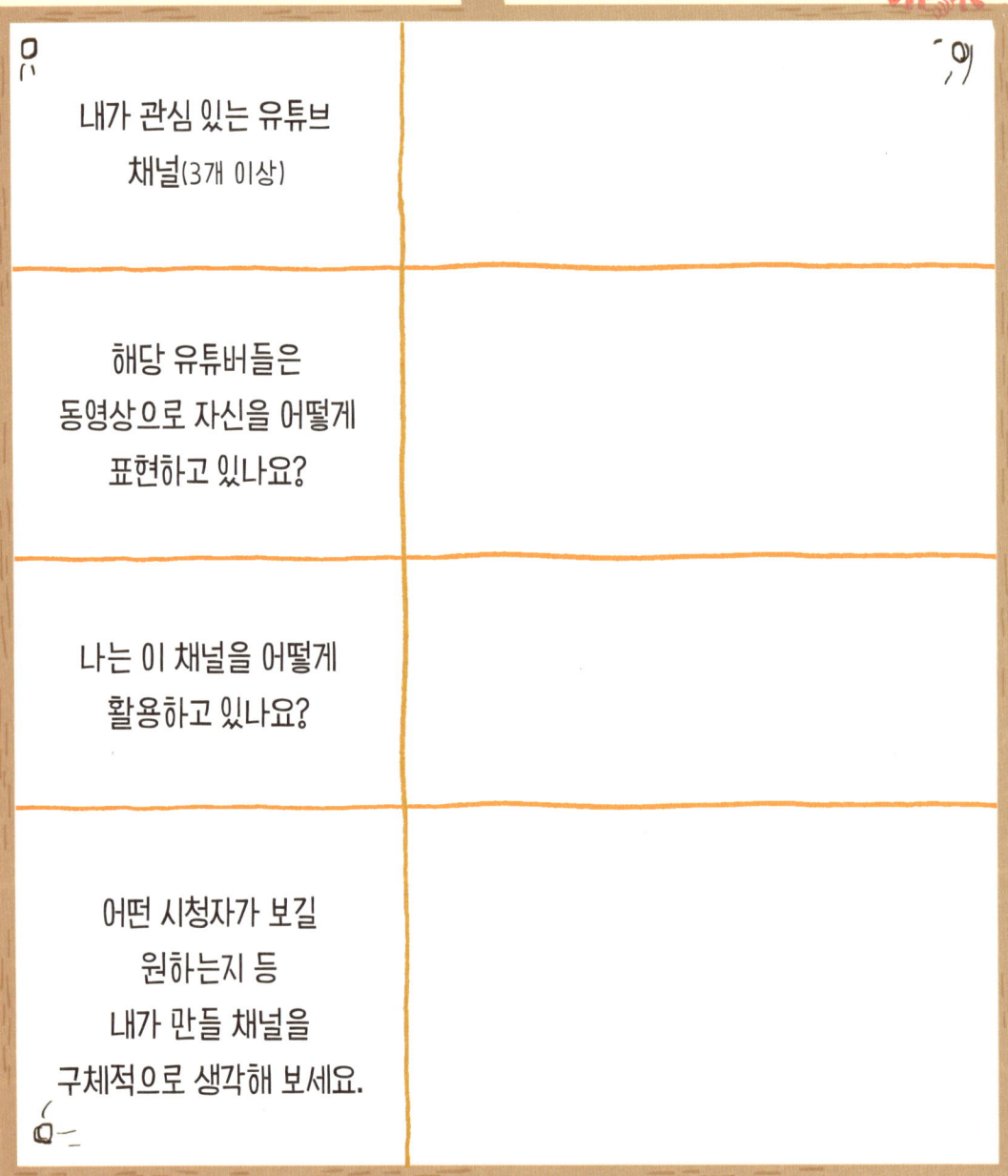

유튜브 시작하는 법

1. 동영상 찍기: 카메라나 휴대폰 카메라로 기획한 영상을 촬영해요.

2. 동영상 올리기: 유튜브에 동영상 파일을 업로드해요.

3. 동영상 제목과 세부 정보 추가하기: '게시'를 클릭하기 전에 시청자가 쉽게 검색할 수 있도록 제목, 설명, 미리 보기 이미지 등의 정보를 넣어야 해요. 어떤 콘텐츠인지 예상할 수 있게 하면서도 정확하고 흥미로운 단어와 이미지를 사용하는 것이 좋아요.

4. 게시하기: '게시'를 클릭해요. 유튜브는 시청할 가능성이 크고 관심사가 일치하는 동영상을 시청자와 연결해 줘요. 동영상이 마음에 든 시청자는 채널을 '구독'하기도 하고요.

5. 채널 브랜딩하기: 시청자들이 알아볼 수 있는 내 채널의 '상표(브랜드)'를 만들어요. 채널 특징을 나타낼 나만의 아이콘을 만들거나 관심사, 열정, 개성 등 자신을 소재로 한 영상을 올릴 수도 있어요. 지속적으로 콘텐츠를 올리는 과정에서 브랜딩이 이루어지지요.

좋은 유튜브 크리에이터의 조건

유튜브에는 매일 수많은 영상이 올라와요. 영상을 올리는 사람이 워낙 다양하다 보니, 어떤 사람들은 유튜브에 대해 걱정하기도 해요. 정확하지 않거나 불건전한 내용이 섞여 있기 때문이에요.

유튜브는 다양성을 존중하지만, 가이드라인을 제시하고 부적절한 콘텐츠에 대해서는 적극적으로 대처하고 있어요. 법을 위반하거나 괴롭힘, 증오심 표현, 폭력성, 음란물과 같은 문제 영상은 채널을 삭제하거나 계정을 해지하기도 해요.

시청자는 문제 영상을 신고할 수 있고, 유튜브는 신고를 사안별로 검토해서 담당자에게 해당 내용을 삭제하라고 요청하거나 일시적 계정 중단, 계정 폐쇄 등을 결정해요. 만약 내 콘텐츠가 가이드를 위반하지 않았는데 실수로 삭제되었다면 유튜브에 항소할 수 있어요. 유튜브에는 자신이 제작한 콘텐츠만 업로드해야 해요. 저작권 위반 경고를 세 차례 받으면 채널이 해지될 수 있답니다.
　자, 그렇다면 이제 나만의 영상을 만들며 유튜브 크리에이터에 도전해 봅시다!

> 함께 실험해요

자신만만 유튜버 도전하기

1 촬영 목록 만들기: 영상을 촬영하기 전에 동영상이 어떻게 시작되고 마무리될지 미리 생각해야 해요. 필요한 모든 장면을 적어 '촬영 목록'을 만들면 빠트리는 것 없이 촬영할 수 있답니다.

2 영상 정리하기: 촬영한 영상을 컴퓨터로 옮긴 뒤 영상에 번호를 붙여 순서대로 정리하세요. 영상이 여러 개일 때 헷갈리지 않고 편집할 수 있어요. 각 영상에서 적합하지 않거나 의미가 없는 부분은 과감하게 삭제하세요. 아깝다고 놔두면 영상의 질이 떨어져요.

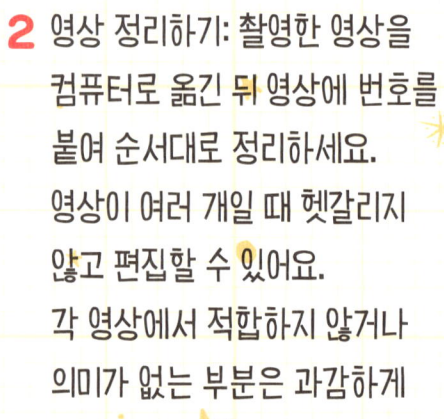

3 시각 및 음향 효과 추가: 영상을 편집할 때 제목, 소개하는 말, 화면전환, 음향효과, 음악 등을 추가해 보세요. 자신이 말하는 빠르기나 박자에 맞는 음악을 고르는 것이 좋아요. 음악은 저작권자의 허락 없이 함부로 사용할 수 없어요. 무료 음악과 음향 효과를 다운로드받을 수 있는 '유튜브 오디오 라이브러리'를 활용해 보세요.

4 유튜브에 영상을 올리려면 구글 계정이 있어야 해요. (구글 계정은 만 14세 이상이 되어야 사용할 수 있으니 참조해 주세요.) 구글로 로그인한 뒤 유튜브 홈페이지에 들어가면, 검색창 옆에 카메라 모양( )의 영상 올리는 아이콘이 있어요.

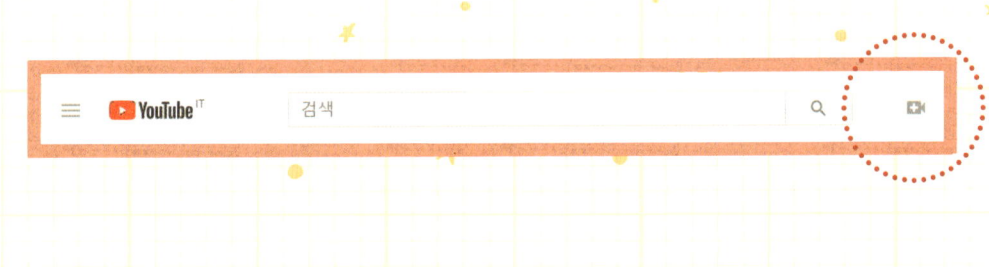

5 아이콘을 클릭하면 업로드할 파일을 선택하라는 창이 나타나요. 여기에 만든 동영상을 올리세요.

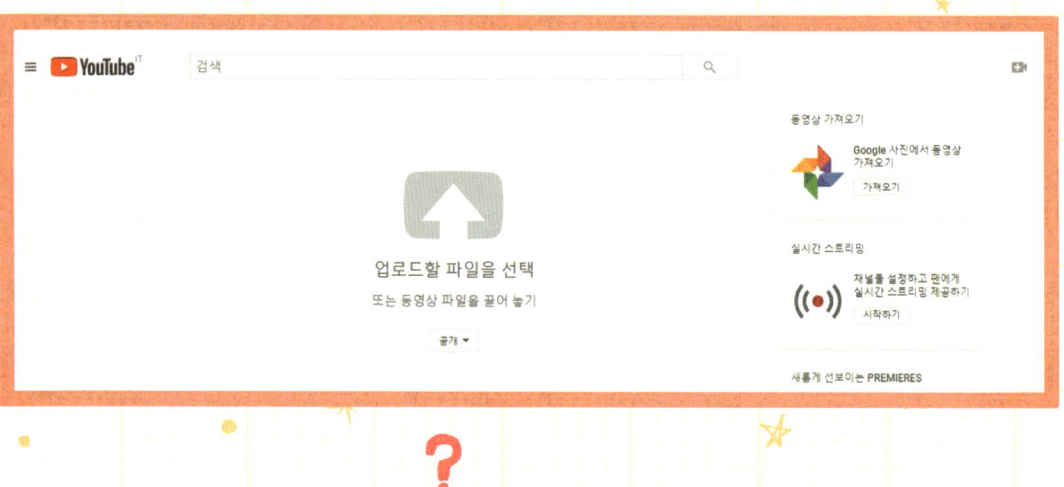

6 영상이 업로드되는 사이 동영상 제목과 세부 정보를 추가해요. 영상 이미지가 맞는지 확인하고, 적합한 것을 고르세요. 연관 검색어를 잘 입력하면 시청자가 더 쉽게 찾아올 수 있어요.

7 화면 오른쪽의 '게시'를 누르면, 나의 영상이 유튜브 바다에 올라가요. 영상에 대한 시청자 반응을 살피면서 꾸준히 콘텐츠를 올리세요. 이제 여러분도 유튜버가 된 거예요!

 즐거운 TiP

같은 주제의 동영상을 몇 편 찾아 편집 방식이 서로 어떻게 다른지 조사해 보면, 시청자들이 어떤 편집에 매력을 느끼는지 알 수 있어요. 비교해 볼 수 있는 인기 과학 유튜버들의 채널을 소개할게요.

- 과학쿠키: 누구나 부담 없이 만날 수 있는 재미있는 과학 이야기를 담은 채널
- 1분과학: 과학과 관련된 참신한 주제를 다루는 채널
- 안될과학: 현직 과학자들이 어려운 과학 이론을 이해하기 쉽게 설명하는 채널
- 허팝Heopop: 일상 속 도구나 음식으로 창의적인 실험을 하는 채널

건강한 세상을 꿈꾸며
역학조사관

나만의 직업을 찾아볼까?

전염병을 막아라

어른들이 하는 말 중에 "이런 염병할……."이란 욕이 있답니다. 염병이란 말은 나중에 다시 역병으로 바뀌었는데, 크게 유행하는 전염병을 뜻해요. 전염병이 주로 부역(나라에서 성을 쌓는 등의 일을 하기 위해 강제로 사람들을 동원하는 일)을 하는 집단에서 발생했기에 붙여진 이름이에요. 옛사람들은 왕이 정치를 잘못하면 하늘이 노해서 역병이 퍼진다고 생각했어요. 그래서 전염병이 돌면 하늘에 제사를 지냈지요.

 서양에서도 19세기 초까지만 해도 전염병의 원인이 제대로 밝혀지지 않았어요. 사람들은 콜레라를 비롯한 여러 가지 질병이 오염된 공기에 의해 생긴다고 생각했어요. 현미경이 발달하면서 전염병이 세균이나 바이러스 같은 미생물에서 시작된다는 사실이 밝혀졌어요.

 파스퇴르나 코흐 같은 과학자는 미생물이 어떻게 병을 일으키는지 구체적으로 알아냈고, 제너는 천연두를 예방할 수 있는 백신을 개발했어요. 전염병이 발생하면 병의 원인을 찾고 감염 경로를 추적해서 병의 확산을 막는 조치를 하는 것이 무엇보다 중요해요. 그런 일을 하는 사람들이 바로 '역학조사관'이랍니다.

병의 원인을 찾아내는 역학조사관

병의 원인을 찾는 일은 과학수사대가 하는 일과 비슷해요. 먼저 병이 발생한 '현장'에 찾아가서 정보를 수집하고 추리해서 발병 원인에 대한 가설을 세우지요. 그다음은 과학적 방법을 이용해 증거를 찾아내야 해요.

역사를 살펴보면 지금까지 여러 가지 전염병이 반복적으로 발생해서 많은 사람의 목숨을 앗아 갔지만, 그때마다 전염병과 싸우며 원인을 찾아내기 위해 노력한 사람들이 있었어요. 이들은 자기 목숨까지 걸고 전염병과 싸웠음에도 돈과 명예를 얻기는커녕 다른 이의 무시와 조롱을 견뎌야 했고, 때론 일자리를 잃기도 했어요.

지금도 역학조사관의 길을 걷기란 쉽지 않아요. 용감하게 온갖 어려움을 헤치고 수많은 사람의 목숨을 살려내는 역학조사관은 우리 사회에 꼭 필요하답니다.

역학조사관이 되려면?

전염병은 전 세계에서 수시로 발생하며 예방이 중요하므로 질병관리본부나 세계보건기구(WHO) 같은 보건 기관에서는 일상적으로 전 세계의 전염병 발생 현황을 수집하고 있어요. 전염병이 발생하면 역학조사팀을 파견하는 것도 이러한 기관에서 하는 일이에요.

역학조사관을 양성하기 위해 미국의 질병관리본부(CDC)는 매년 의대 졸업생이나 역학 분야 박사 80여 명을 뽑아 2년 동안 교육합니다. 우리나라에서도 역학조사를 담당하는 공무원, 의사, 간호사, 약사, 수의사 중 3주간 교육받은 사람을 수습역학조사관에 임명해요. 수습역학조사관은 2년 동안 현장 실습을 포함한 교육을 받으면 역학조사관이 될 수 있답니다.

역학조사관은 위험한 일을 하는만큼 용기가 필요하고 끝까지 포기하지 않는 의지가 있어야 해요. 또 역학조사는 보통 팀으로 움직이기 때문에 동료와 함께 문제를 해결할 수 있는 협동심도 필요하지요. 전염병의 확산을 막기 위해서는 역학조사관 외에도 많은 전문가가 필요해요. 우선 역학조사관은 첫 번째 환자를

빨리 찾아내고, 접촉자를 파악해 감염의 확산을 막으며, 환자가 늘어날 가능성을 조사하는 역할을 해요. 환자의 증상과 감염 원인을 살펴서 질병을 치료하는 일은 감염내과 전문의를 비롯한 의사와 간호사들이 하고, 바이러스나 세균을 연구하여 백신이나 치료제를 개발하는 일은 미생물학자가 해요.

　이뿐만이 아닙니다. 신종플루나 메르스 사태에서 알 수 있듯이 시민들은 잘 알려지지 않은 병이 유행할 때 막연한 불안과 공포를 느껴요. 따라서 언론이나 시민들과 전염병에 대해 제대로 이야기를 나눌 수 있는 소통 전문가가 필요해요. 실시간으로 전염병의 발생 현황을 파악하는 컴퓨터 전문가도 있어야 하지요.

한 발 앞으로

전염병은 어떻게 전파될까?

위 그림은 피테르 브뤼헐의 〈죽음의 승리〉입니다. 중세 유럽에서 페스트라는 급성 전염병이 유행했을 때를 그린 것이지요. 당시 유럽 인구 중 3분의 1이 페스트로 목숨을 잃었다고 하니 얼마나 무서운 질병이었는지 짐작할 수 있겠지요?

전염병은 세균, 바이러스, 기생충 등과 같은 병원체가 원인이 되어 발생합니다. 페스트는 페스트균이 일으키는 질병으로 쥐벼룩에 의해 전파되었어요. 이처럼 세균으로 전파되는 전염병을 세균성 전염병이라고 해요.

　세균은 미생물의 일종으로, 세포막이 견고한 세포벽으로 둘러싸여 있어요. 세포벽은 세포 형태를 유지하고 외부 환경으로부터 세포 내부와 세포막을 보호하는 역할을 하지요. 세균성 전염병에는 장티푸스, 콜레라, 결핵 등이 있습니다.

　우리가 잘 아는 전염병 중에는 세균성 전염병 외에도 바이러스가 일으키는 전염병이 있어요. 바이러스는 생물과 무생물의 중간 단계에 해당하는 특이한 개체로, 살아 있는 숙주(기생 생물에게 영양을 공급하는 생물) 내에서만 물질대사(생명체가 살아가는 데 반드시 필요한 물질의 화학적 변화)와 증식(늘어나서 많아짐)을 할 수 있답니다.

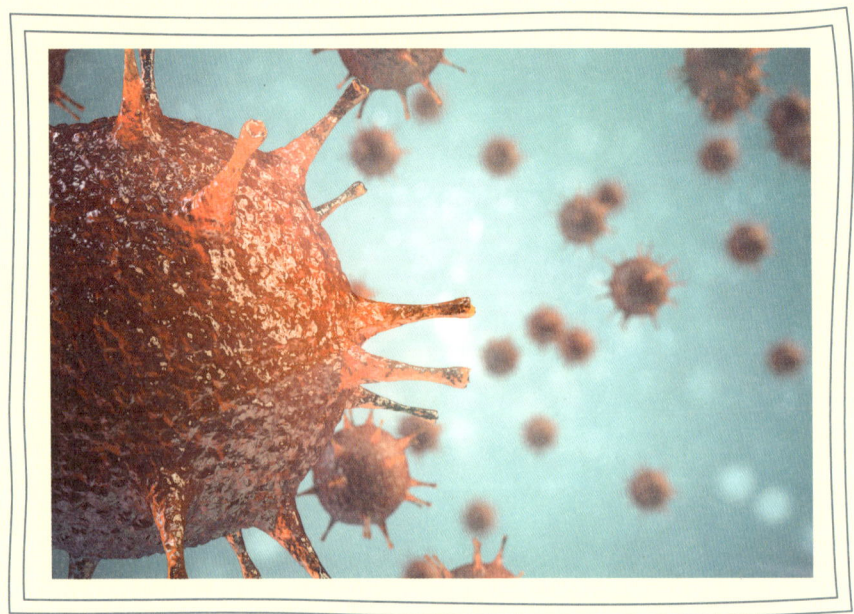

　바이러스가 다른 생물에 침투하여 유전자를 복제하는 과정에서 돌연변이를 일으킬 확률이 높아 새로운 형태의 바이러스가 계속 생겨나고 있어요. 에볼라, 에이즈를 비롯해 우리나라에서 많은 사람을 불안에 떨게 만든 신종플루, 메르스는 모두 바이러스성 전염병이에요.

　세균에 의한 전염병은 항생제가 발달하면서 대부분 치료할 수 있게 되었지만, 바이러스가 일으키는 질병은 변종이 생기기 쉬워 현재까지도 치료제를 개발하기 어려워요.

우리 몸이 방어하는 법

세균이나 바이러스가 우리 몸에 침투하면 우리 몸이 여러 가지 방법으로 방어를 하게 되는데 이러한 작용을 '면역'이라고 해요. 이때 우리 몸에 침투한 병원균을 '항원'이라고 하고, 항원을 물리치기 위해 면역세포인 림프구가 만들어 내는 물질을 '항체'라고 해요.

항원과 항체는 마치 열쇠와 자물쇠 같은 관계로 각각의 항체는 특정한 항원만을 인지하는 특성을 띠고 있어요. 항체는 항원을 기억하여 재차 항원이 침입했을 때 빠르게 항체를 만들어 낼 수 있으며 치료제로도 사용할 수 있답니다. 이러한 원리를 이용해 만들어진 것이 바로 '백신'이에요. 따라서 예방주사를 맞으면 전염병을 예방할 수 있지요.

함께 실험해요

건강 지킴이 손 소독제 만들기

전염병을 예방하기 위해서는 손을 자주 씻거나 소독해야 해요. 우리 손은 세균과 바이러스에 노출되기 쉬우니까요. 손만 제대로 씻어도 수많은 감염성 질병을 예방할 수 있어요.

손 소독제를 만드는 방법은 어렵지 않아요. 내 건강을 지켜 줄 손 소독제를 직접 만들고 세균을 배양하면서 손 소독제의 효능을 검증해 볼까요?

준비물

에탄올, 글리세린, 유칼립투스 오일, 레몬 오일, 알로에베라겔, 정제수, 비커, 유리 막대, 전자저울, 소독제 용기, 세균 배양 배지

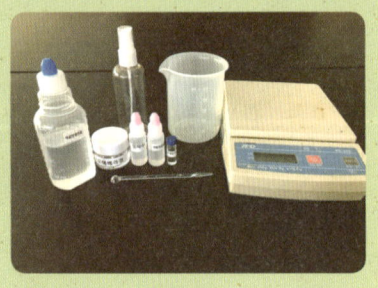
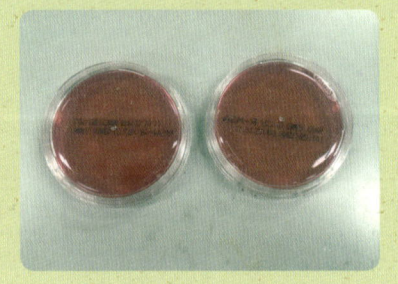

1 비커에 에탄올 70g, 글리세린 5g을 차례대로 넣으세요.

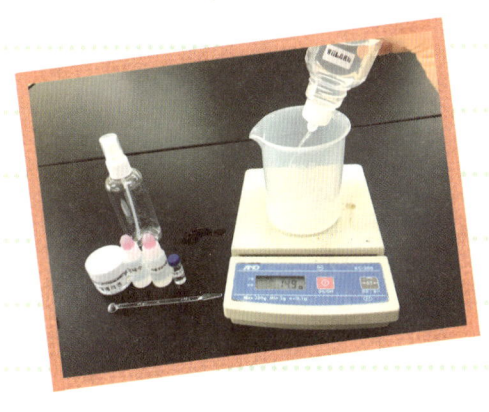
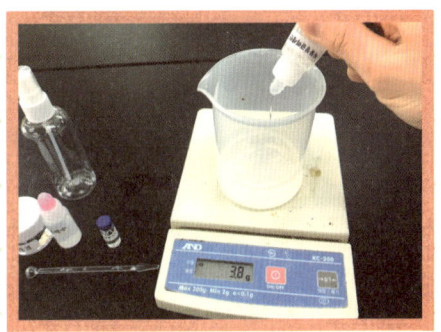

2 비커에 유칼립투스 오일 10방울, 레몬 오일 10방울을 떨어뜨리고 잘 저어 주세요.

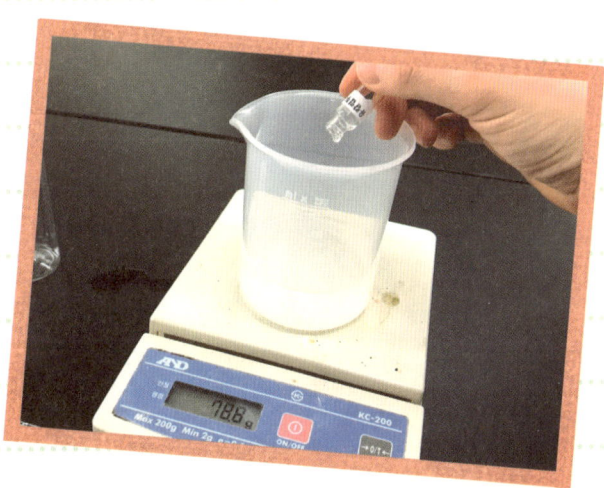

3 비커에 알로에베라겔 15g을 넣은 뒤 잘 저어 주세요.

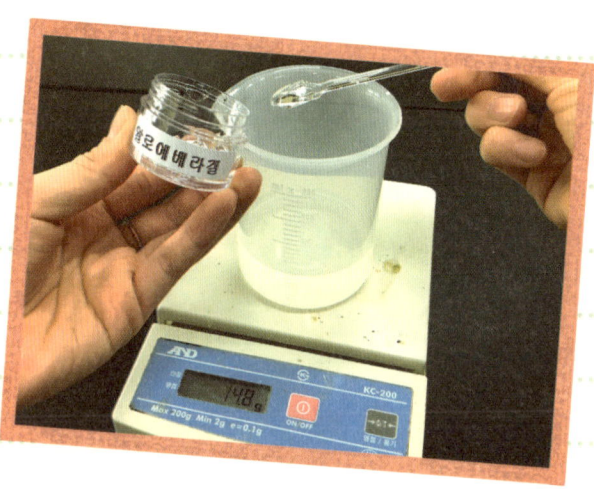

4 마지막으로 정제수 8g을 넣고 잘 저어 주세요.

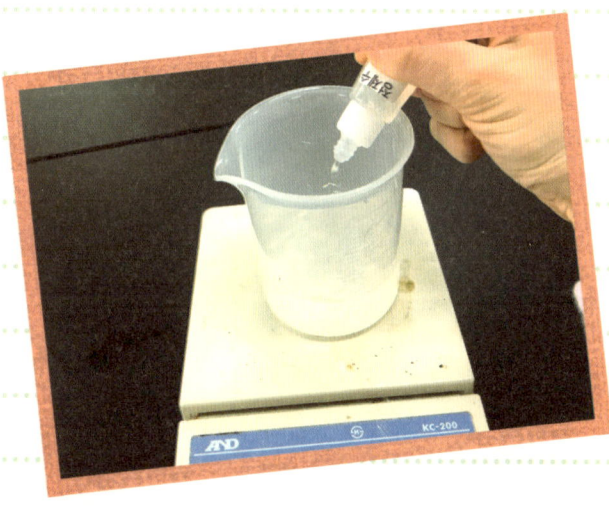

5 완성된 손 소독제를
용기에 나누어 담으세요.

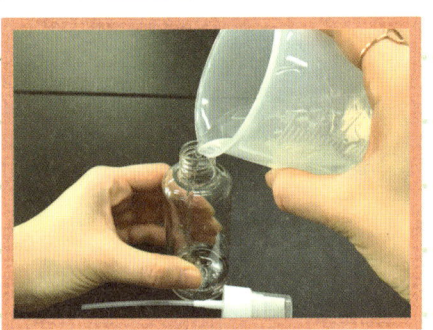

6 두 개의 세균 배양 배지에 하나는 손을 씻지 않고, 또 하나는 손
소독제로 손을 씻은 후 손바닥을 찍으세요. 하루나 이틀 동안
35도를 유지하면서 세균을 배양한 뒤 두 배지를 비교해 보세요.

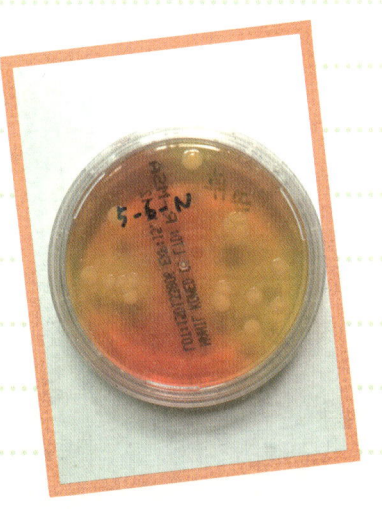
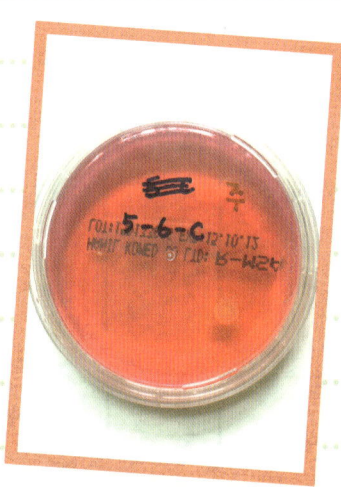

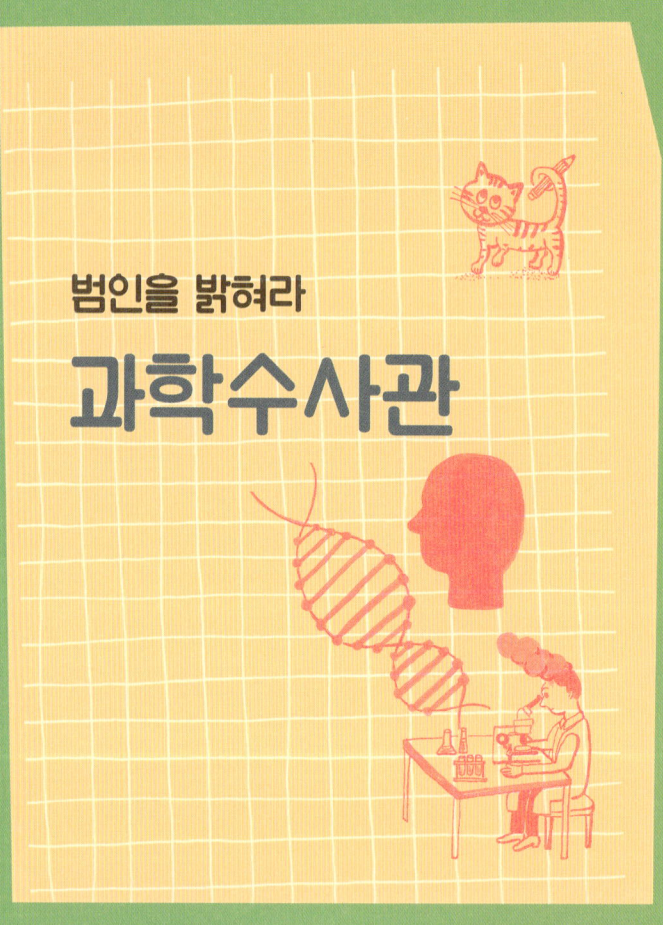

나만의 직업을 찾아볼까?

어디선가 사건이 일어나면

삐뽀 삐뽀~ 사이렌 소리가 울려 퍼져요. 사건이 발생하면 제일 먼저 달려가는 사람 중에 과학수사관이 있지요.

과학수사는 사건 현장에 남아 있는 여러 가지 증거물을 과학적인 방법으로 분석해서 범인을 찾아내고, 사건을 해결하는 수사 방법이에요. 사건 현장에서 발견된 머리카락 한 올이나 지문 하나만 가지고도 DNA 검사 등으로 분석하면 누구의 것인지 알아낼 수 있답니다.

과학수사는 자연과학 지식뿐만 아니라 심리학, 사회학, 철학 등 다양한 분야의 지식을 활용해요. 과학수사를 하는 데 이용되는 학문을 통틀어 '법과학'이라고 해요.

과학수사는 세계 여러 나라에서 오래전부터 사용해 왔는데, 법과학을 이용한 최초의 수사 기록으로는 서기 1000년 로마 법정에서 피 묻은 지문을 단서로 용의자를 지목했

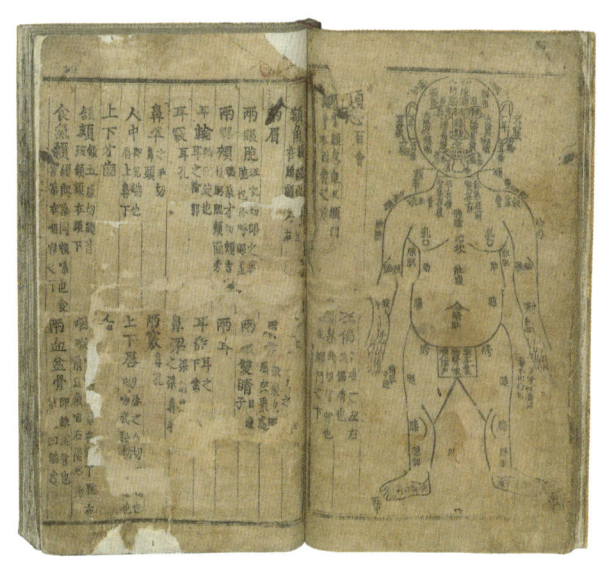

다는 기록이 남아 있다고 해요.

　위 사진은 조선 시대 수사관들이 보던 법의학책 『신주무원록』이에요. 우리나라에서도 예부터 은수저를 사용해서 독이 든 음식을 미리 알아내기도 하고, 상처를 살펴보고 죽은 원인을 추측하는 등 다양한 과학수사를 한 사례들이 기록으로 남아 있어요.

　우리나라의 과학수사는 1955년 국립과학수사연구원이 생기면서 본격적으로 시작되었고, 과학과 함께 수사 방법도 눈부시게 발전해 왔답니다.

　'과학수사관'이 어떤 일을 하는지 궁금해진다고요? 지금부터 함께 알아보자고요.

사건의 범인을 찾아내는 과학수사관

사건 현장에 남겨진 단서들만 가지고 범인이 누구인지, 어떻게 사건이 진행되었는지 알아내려면 과학수사 방법이 필요하답니다.

과학수사관은 하는 일에 따라 여러 이름으로 불려요. 범행 현장에서 증거 자료를 수집하는 일을 하는 사람을 '범행 현장 수사관(CSI)'이라고 해요. 미국 CSI가 하는 일은 드라마나 영화에서 흔히 볼 수 있어요. 우리나라에서는 경찰 감식반이 이 일을 한답니다. 범행 현장 수사관은 수집한 각종 정보와 증거물을 병리학자나 독극물 학자 등의 전문가에게 전달하지요.

법의병리학자는 시체를 검사하는 부검을 전문으로 하는 의사예요. 치아, 뼈, DNA만 가지고도 시체가 누구인지 알아낼 수 있어요. 사망 원인도 밝혀낼 수 있어서 사건 해결에 큰 도움을 줍니다.

　법의학 미술가는 사건의 목격자가 하는 말이나 증거물을 토대로 범인의 얼굴을 거의 정확하게 그려 낼 수 있어요. 이렇게 그린 얼굴을 범인의 몽타주라고 해요. 오래된 뼈만 가지고도 얼굴을 복원할 수도 있고요. 요즘은 이러한 작업을 컴퓨터 프로그램으로 처리하고 있어요.

과학수사관이 되려면?

과학수사를 하는 곳은 생각보다 훨씬 다양해요. 그만큼 과학수사관이 될 수 있는 길도 많다는 의미이지요. 직접 사건 현장을 분석하고 수사를 담당하는 경찰관의 길도 있고, 증거물을 과학적으로 분석하는 연구원의 길도 있어요.

범행 현장 수사관이 되거나 부검 분야에서 일하려면, 의과대학을 나오고 전문의 자격을 갖추어야 해요. 치의학 감정은 치과대학을 나온 치과 의사만이 할 수 있어요. 최면 수사 및 거짓말 탐지 검사는 범죄심리학 관련 분야를 전공해야 하고, 의약·마약류 감정은 약학이나 화학 관련 분야를 전공해야 해요.

또 미세 증거물, 독물 등의 화학적 감정은 화학 관련 학문을 전공해야 하지요. 화재 및 폭발, 공구흔(공구와 사물이 접촉하면서 생기는 특이한 흔적), 음성, 교통사고 및 영상 분석 등에 대한 감정은 물리학 관련 학문을 전공한 전문가들을 필요로 한답니다.

법의학 미술가는 정규 미술교육뿐 아니라 전문적인 법의학 미술교육도 받아야 하고, 관련된 컴퓨터 프로그램을 잘 다룰 수 있어야 해요.

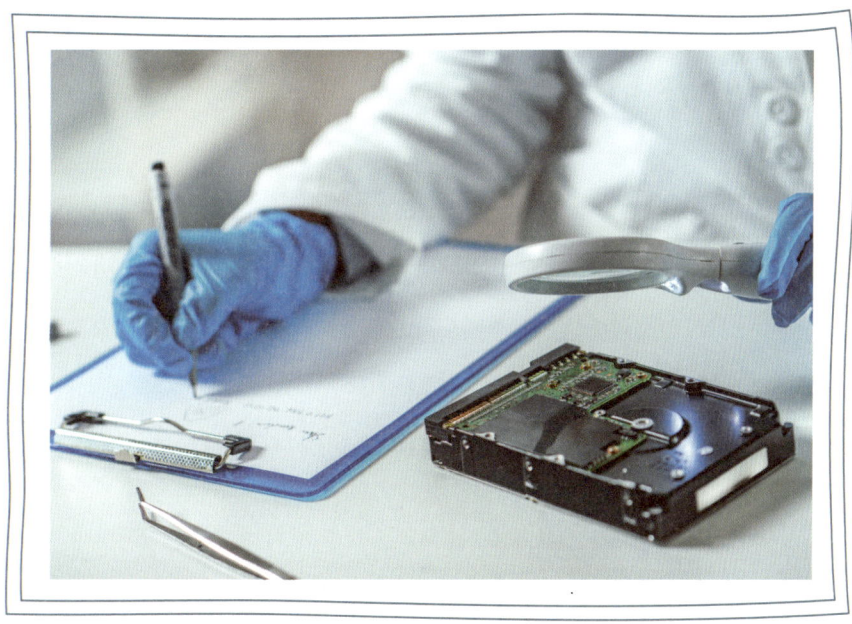

요즘은 사이버 범죄가 늘어나서 '컴퓨터 법의학자'란 직업이 생겼어요. 컴퓨터 법의학자가 되려면 컴퓨터 법의학 자격을 따야 하고, 광범위한 컴퓨터 시스템을 다룰 수 있어야 해요.

신분 도용, 인터넷 사기, 테러 위협 등을 해결하기 위해서는 컴퓨터 과학과 응용범죄학 등을 공부해야 한답니다.

한 발 앞으로

DNA와 지문만 있으면

사건 현장에서 발견된 머리카락 한 올, 옷이나 장갑 등에서 나온 미세한 피부조직 등은 좋은 증거물입니다. 이런 증거물을 제대로 채취하면 그 속에서 DNA를 추출할 수 있어요.

이 DNA를 여러 과정을 통해 분석하면 DNA 안의 염기 서열 등을 밝힐 수 있는데 이를 이용해 증거물의 주인이 사람인지 동물인지, 남자인지 여자인지, 나이는 어느 정도인지 등의 정보를 얻을 수 있어요.

이미 알고 있는 DNA 정보가 있다면 비교하여 누구와 같은지도 판별할 수 있어서 과학수사에 대표적인 방법으로 사용되고 있답니다.

지문 감식은 가장 널리 알려진 과학수사 기법이지요. 지문은 사람마다 다르고, 한 사람의 지문도 손가락마다 다

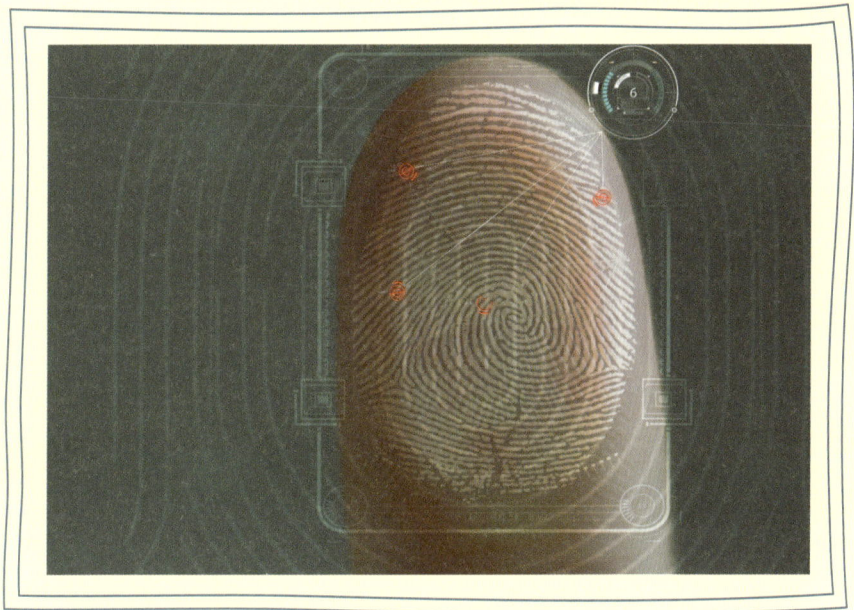

르며 평생 형태가 변하지 않아요.

사람의 신원을 확인하는 데 지문 일치 여부는 DNA와 함께 가장 확실한 근거가 돼요. 심지어 일란성쌍둥이도 DNA는 같지만, 지문은 다르다고 해요.

우리나라는 주민등록이 된 성인의 지문 자료를 관리하고 있기 때문에 지문 감식 방법을 활발히 사용하고 있어요. 미국 등 수사 선진국에서도 한국의 지문 감식 기술 역량을 인정할 만큼 기술이 발전했지요. 앞선 기법을 개발도상국에 수출하는 수준까지 이르렀다고 해요.

범인을 잡을 때뿐만 아니라 실종자나 치매 환자의 신원을 확인할 때도 지문 감식은 매우 유용하게 활용되고 있답니다.

여러분의 지문을 한번 관찰하고 서로 비교해 보세요. 오른손잡이는 왼손 엄지를 사용하고 왼손잡이는 오른손 엄지를 사용해 보세요. 연필 가루나 잉크를 묻혀서 종이에 찍어 보는 거예요.

지문의 종류는 세 종류로 나뉘는데요. 말굽같이 생긴 제상문, 일자로 된 궁상문, 나선형으로 된 와상문으로 나눌 수 있어요.

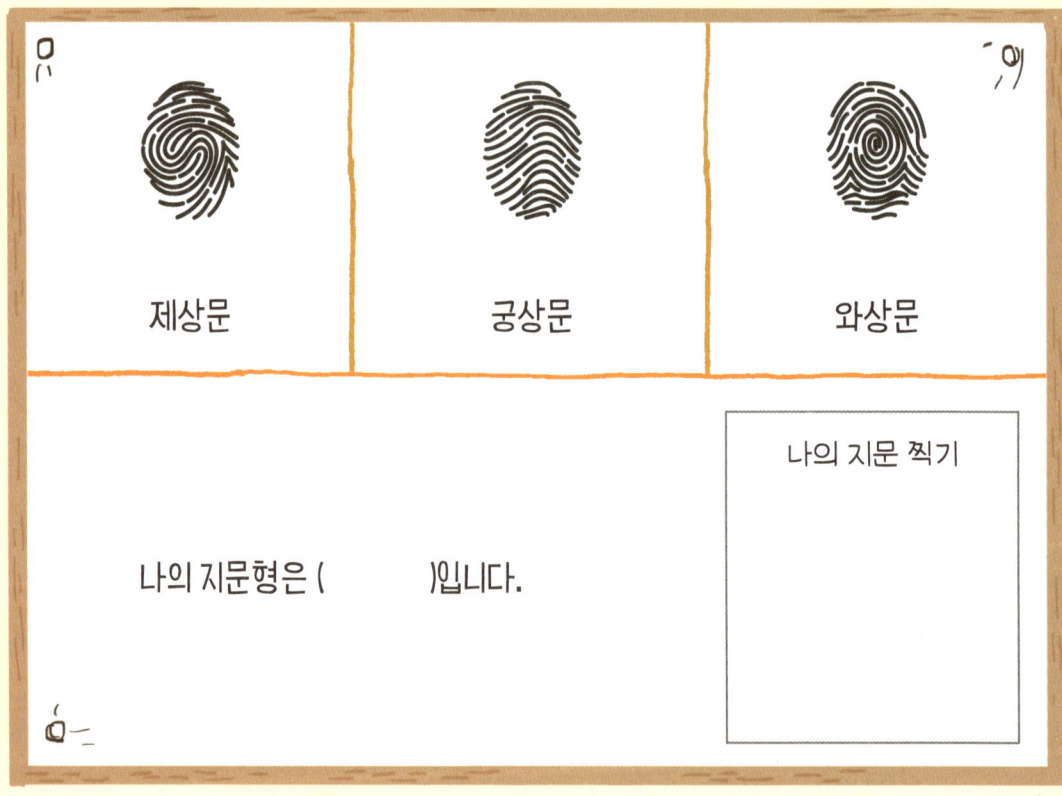

범인의 심리가 보여, 프로파일링

프로파일링은 범행 현장에 남아 있는 희미한 흔적과 범행 수법을 심리학과 행동과학 등을 근거로 분석해서 범인의 심리나 성격 및 특성, 행동 방식 등을 추론하는 방법이에요. 범행 동기나 숨겨진 의도 등을 밝혀내는 범죄 심리 분석 수사관을 '프로파일러'라고 하지요.

프로파일러는 특정 범죄의 유형, 범인의 심리나 행동을 분석해 범인 검거에 도움을 주고, 범인을 대상으로 고도의 심리적 전략을 펼쳐 자백을 받아 내기도 해요. 지문이나 DNA 등의 법의학적·생물학적 증거를 찾아내는 데 중점을 두는 과학수사와 구분되는 수사 방법이지요.

함께 실험해요

브로콜리 DNA 추출하기

우리 몸의 세포에는 DNA가 들어 있는데 머리카락 한 올만 있어도 DNA를 추출하여 분석하면 누구의 것인지 알 수 있어요. DNA는 어떻게 추출할까요? DNA는 어떻게 생겼을까요? DNA를 추출하면서 과학 수사관의 첫걸음을 떼어 보세요.

준비물

브로콜리(바나나, 당근, 콩 등), 비커(250ml, 500ml), 유리 막대, 막자와 막자사발, 전자저울, 정제수(약국에서 판매하는 증류수), 소금, 에탄올, 주방 세제

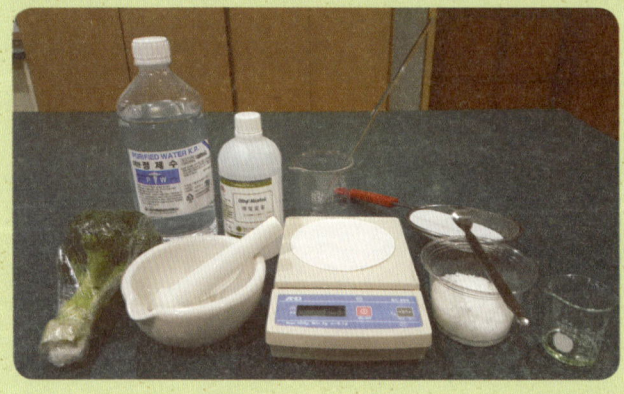

1 브로콜리 10g을 막자사발에 넣고 으깨세요. 브로콜리 세포벽을 분리하는 과정이랍니다.

2 비커에 소금 1g과 세제 3㎖를 넣은 뒤 증류수 80㎖를 넣어 주세요. 소금의 나트륨 이온이 DNA의 응집을 도와줘요. 세제의 계면활성제는 세포막과 핵막의 인지질을 분해하고요.

3 만든 용액과 브로콜리를 잘 섞고 10분 정도 놓아두세요.

4 500㎖ 비커 위에 올린 체에 용액을 걸러 브로콜리 건더기를 건져 내고 브로콜리 추출액만 남기세요.

5 만들어진 용액에 차가운 에탄올을 비커의 벽면을 따라 서서히 부어 주세요. 에탄올의 양은 브로콜리 추출물의 2배 정도(약 150ml)가 적당해요. 반드시 천천히 부어 주세요. 에탄올은 DNA를 엉기게 하거든요.

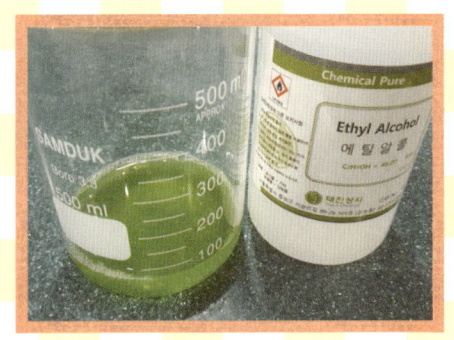

6 용액과 에탄올의 경계에 보이는 하얀색 실뭉치 같은 것이 브로콜리의 DNA가 엉긴 것이랍니다. 추출한 DNA 덩어리를 나무젓가락으로 건지고 현미경으로 관찰하세요.

우주의 비밀을 찾아서
천문학자

나만의 직업을 찾아볼까?

별과 우주의 비밀을 찾아서

"반짝반짝 작은 별 아름답게 비치네."

칠흑같이 어두운 밤하늘의 반짝이는 별을 바라보고 있노라면, 마치 끝없이 먼 우주의 비밀을 들춰 보는 것처럼 흥미진진합니다. 별빛이 얼마나 멀리서부터 시작해서 이곳까지 닿았을까를 생각하면 신비롭기만 하지요.

그런데 여기서 잠깐! '별이 반짝반짝'하다는 말, 그게 사실일까요? 혹시 우리 눈에만 그렇게 보이는 것은 아닐까요? 우리가 '별'이라고 부르는 것은 태양과 같이 스스로 빛을 내면서 타는 천체(천문학의 연구 대상이 되는 우주를 이루고 있는 행성, 위성, 항성, 성단, 성운 등)를 말해요. 태양은 깜박거리지 않고 항상 빛을 내고 있잖아요. 별도 태양과 같은 종류의 항성이라면, 깜박거리지 않고 한결같이 빛나야만 하겠지요.

그런데 지구에서 별을 보는 우리와 우주의 별

사이에는 대기가 있고, 별빛이 이 대기를 통과할 때 밝기가 달라지기도 한답니다. 바람이 부는 등 지구 대기가 불안정한 날에는 별이 더욱 반짝거리지요.

그렇다면 지구를 벗어나 우주에서 볼 때 별은 깜박거리지 않냐고요? 맞아요. 우주에서 보는 별은 태양처럼 빛이 날 뿐 깜박거리지 않는답니다.

천문학은 이처럼 신비로운 별과 우주의 비밀을 연구하는 학문이에요. 별을 보느라 잠을 이루지 못한 적이 있나요? 그런 경험이 있는 친구에게 어울리는 직업 '천문학자'를 소개합니다.

별과 우주를 사랑하는 천문학자

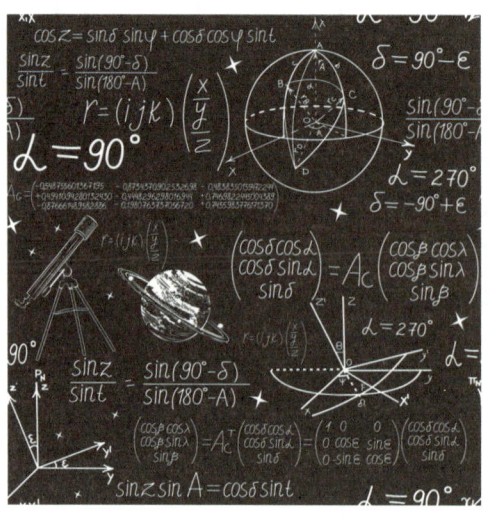

천문학자는 태양, 달, 화성, 혜성, 별과 같이 우주를 구성하는 천체를 관측하고 천체 현상을 해석해요. 또 천체가 어떻게 만들어졌고 소멸하는지 원리를 연구하는 일을 하지요.

행성, 항성, 성운이나 은하계의 크기를 측정하고, 형태를 분류하거나 광도를 비교하고, 성분을 추측하거나 구조와 온도, 천체 운동 등과 같은 특성을 연구한답니다.

천제관측 시설 운영을 관리하며, 천체관측 시스템 및 관련 장비 등을 연구하거나 설계하기도 하고, 우주의 탄생과 진화, 외계 행성 탐색, 우주전파 수신 등과 같은 우주개발 산업을 연구하기도 해요.

천문학자가 되려면?

천문학자가 되려면, 무엇보다 새로운 것을 탐구하는 정신과 호기심, 창의성, 관찰력을 지녀야 해요. 천문학에 대한 전문 지식은 물론 수학과 물리학 지식이 기본적으로 필요하고요.

또 별자리 위치를 파악하기 위한 공간지각 능력과 더불어 광학망원경, 전파망원경 또는 컴퓨터를 다루는 능력도 갖추어야 한답니다. 문제 해결에 필요한 논리적 사고 및 분석력과 오랜 시간 별자리의 움직임을 관찰할 수 있는 체력과 끈기도 필요하고요.

4년제 대학교에서 천문학과를 졸업하고 관련한 대학원에서 석·박사 학위를 취득하면 천문학자의 꿈을 이룰 수 있어요. 공채나 특채를 통해 천문대, 기상관측소, 전자 통신 연구소, 시스템공학 연구소, 항공 우주 연구소 등에 채용되는 길도 있답니다.

> 한 발 앞으로

우주를 보는 눈, 망원경

망원경으로 우주를 처음 관측한 사람은 이탈리아 천문학자 갈릴레오 갈릴레이예요. 갈릴레이는 지금부터 약 400년 전 망원경을 만들어 달, 태양, 목성의 위성 등을 관측했어요. 그 이후로 오늘날에 이르기까지 인류는 더 좋은 망원경을 만들며 우주에서 오는 아주 희미한 별빛까지 놓치지 않기 위해 노력하고 있답니다.

어떻게 하면 우주를 더 잘 들여다볼 수 있을까요?

무엇보다 망원경을 설치할 장소가 중요해요. 맑은 날씨가 이어지고 공기 중에 수증기가 적은 건조한 곳이 적절해요. 그래서 세계적인 천문학자들은 칠레 북쪽에 있는 아타카마 사막에 모여들어 별을 관측해요. 이 사막은 지구에서 가장 건조한 곳으로 꼽히거든요.

주변에 밝은 빛이 있으면 별을 보는 데 방해되기 때문에 천문대는 보통 높은 산꼭대기에 있어요. 세계에서 가장 큰 거울, 우주를 보는 가장 큰 눈이라고 할 수 있겠네요.

　아타카마 사막에 있는 망원경의 이름은 '초거대 망원경'이랍니다. 100미터 간격으로 지름이 8.2미터나 되는 망원경이 네 대가 설치되어 있는데, 이 네 대를 모두 사용할 때 성능은 몇 배나 더 좋아져요. 이 망원경은 놀랍도록 정밀해서 달에 있는 건물에서 전등을 켰다 끌 때 몇 층에서 켜고 껐는지 구별할 수 있다고 해요.

　멀리 있는 물체도 마치 가까이 있는 것처럼 볼 수 있는 망원경은 크게 굴절망원경과 반사망원경으로 나눌 수 있어요.

　굴절망원경은 볼록렌즈 두 개를 이용해서 만들 수 있는데요. 별을 향해 있는 대물렌즈는 멀리서 오는 빛을 모으고, 눈에 가까이 있는 접안렌즈는 모아진 빛을 조금 크게 확대하는 역할을 해요. 갈릴레이가 처음 발명한 망원경도 굴절망원경이었어요.

굴절망원경의 원리

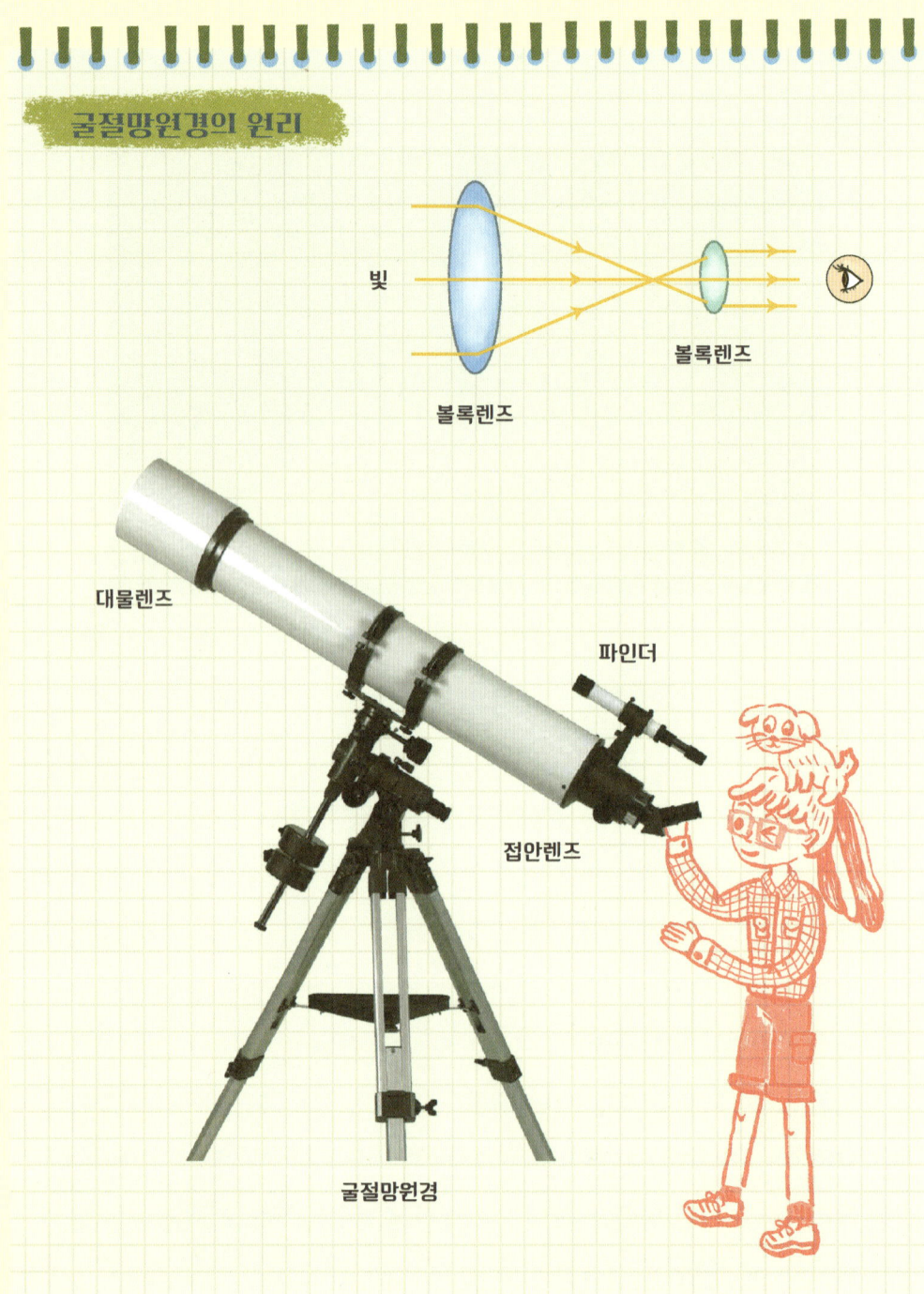

반사망원경의 원리

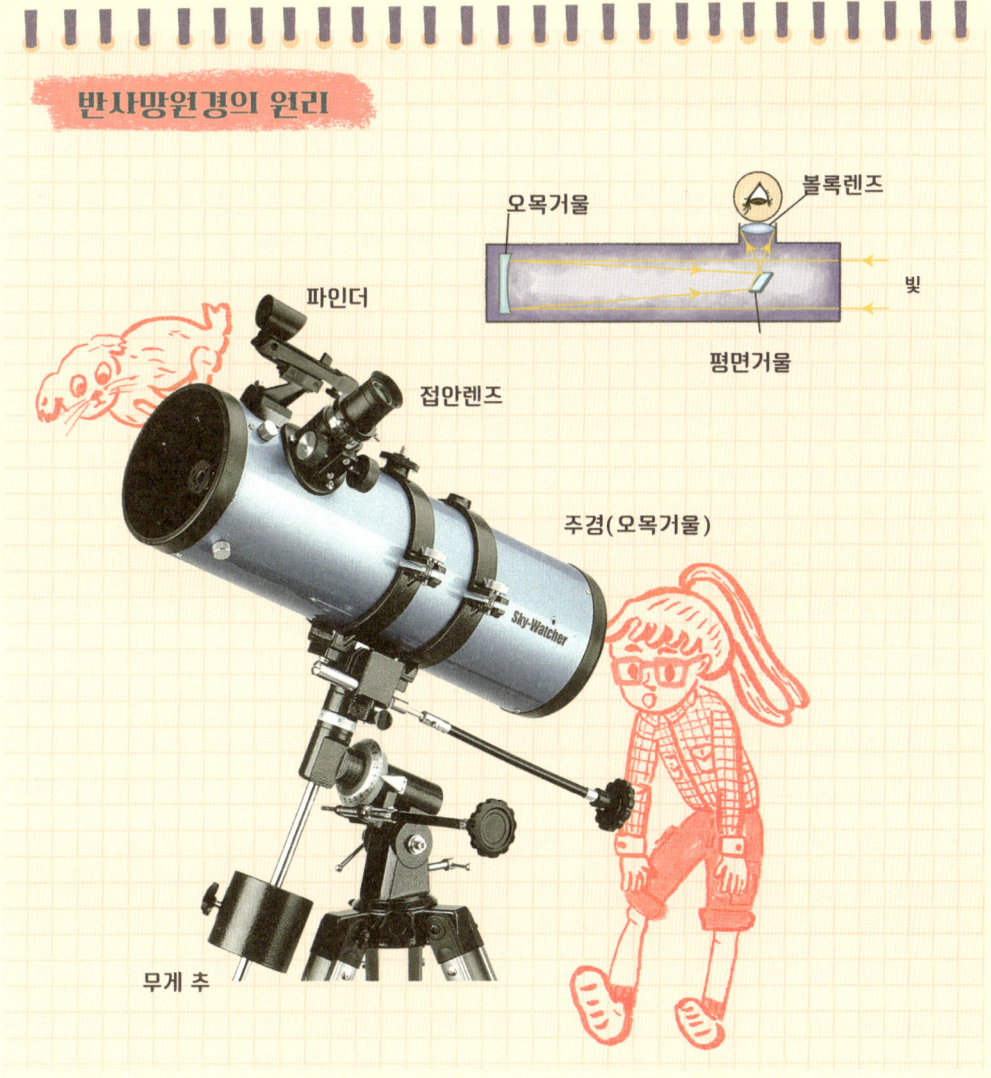

굴절망원경에서 대물렌즈가 별빛을 모으는 역할을 했다면, 반사망원경에서는 오목거울을 사용해요. 눈을 대고 보는 접안렌즈는 굴절망원경과 같아요. 반사망원경은 멀리 있는 별을 관측하는 데 주로 사용해요. 칠레 아타카마 사막의 초거대 망원경도 반사망원경이랍니다.

> 함께 실험해요

반짝반짝 별자리 조명 만들기

오늘 밤하늘에서 볼 수 있는 별자리를 알고 있나요? 나의 탄생 별자리는 무엇일까요?

계절별로 우리나라에서 볼 수 있는 대표 별자리가 있답니다. 봄에는 처녀자리, 목동자리, 사자자리, 여름에는 백조자리, 거문고자리, 독수리자리가 있고요. 가을에는 페가수스자리, 안드로메다자리, 겨울에는 오리온자리, 마차부자리, 쌍둥이자리가 보이지요.

아쉽게도 나의 탄생 별자리는 생일을 맞은 계절의 밤에 볼 수 없어요. 탄생 별자리는 생일부터 6개월 뒤 밤하늘에서 볼 수 있답니다. 예를 들어 9월에 태어난 사람은 처녀자리가 탄생 별자리이지만 실제로 처녀자리는 봄철 대표 별자리이지요.

자, 오른쪽은 북쪽 하늘에서 볼 수 있는 별자리예요. 북쪽 하늘 별자리는 계절에 상관없이 항상 볼 수 있어요. 마음에 드는 별자리를 하나 골라 보세요. 골랐나요? 이제 좋아하는 별자리를 오래 기억하도록, 밤마다 머리맡에 켜 두고 볼 수 있는 '반짝반짝 별자리 조명'을 만들어 볼게요.

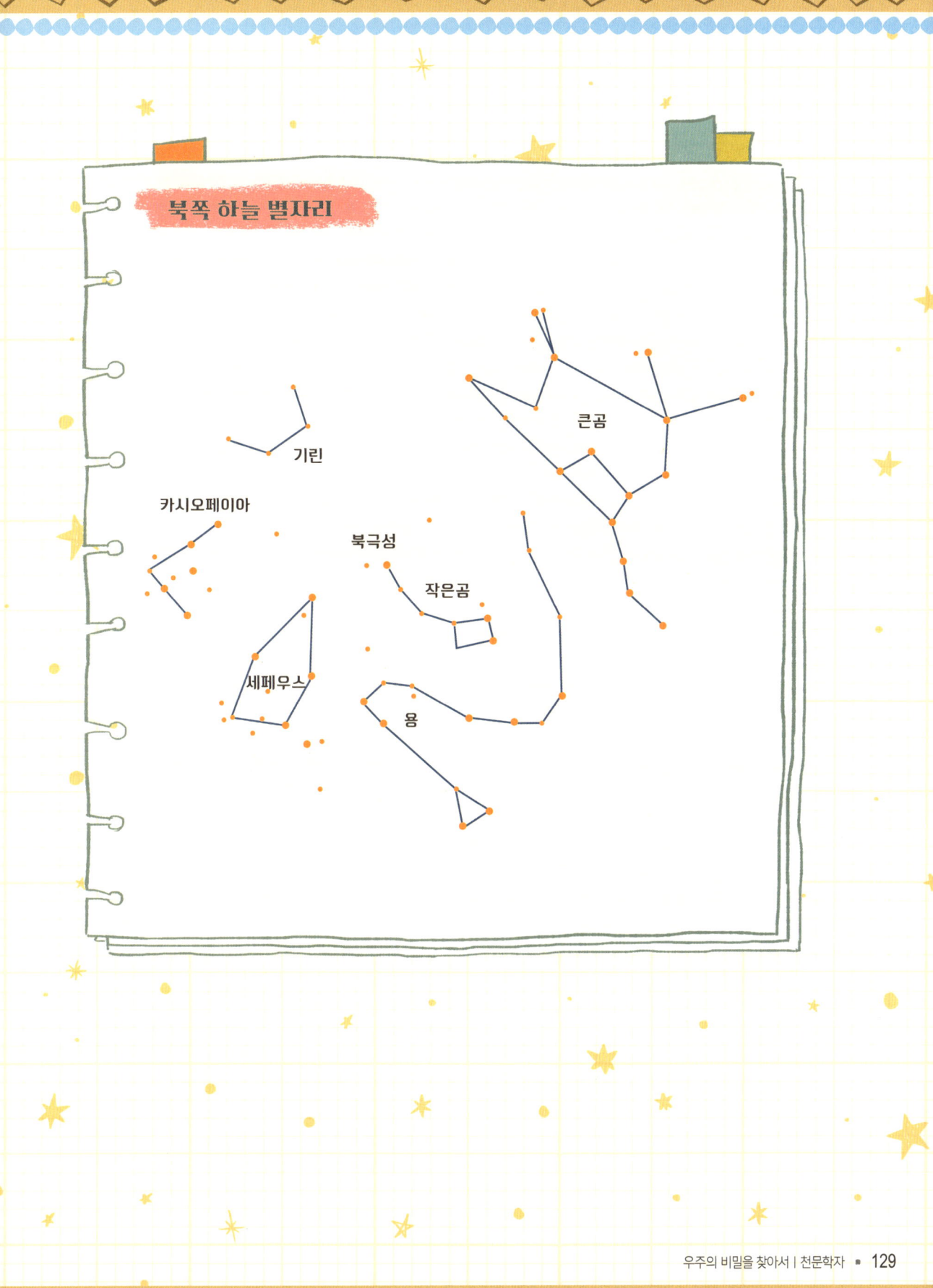

준비물

액자 틀, 두꺼운 검은 종이, LED 와이어, 건전지, 반투명 종이(종이 호일), 송곳, 칼, 스카치테이프 등

1 검은 도화지를 액자에 들어갈 크기로 잘라요. 모서리 부분을 잘라 내고 접어서 액자의 뚜껑처럼 끼워 넣을 수 있도록 만드세요.

2 원하는 별자리 위에 반투명 종이를 올려 두고, 별자리를 따라 점을 찍으세요.

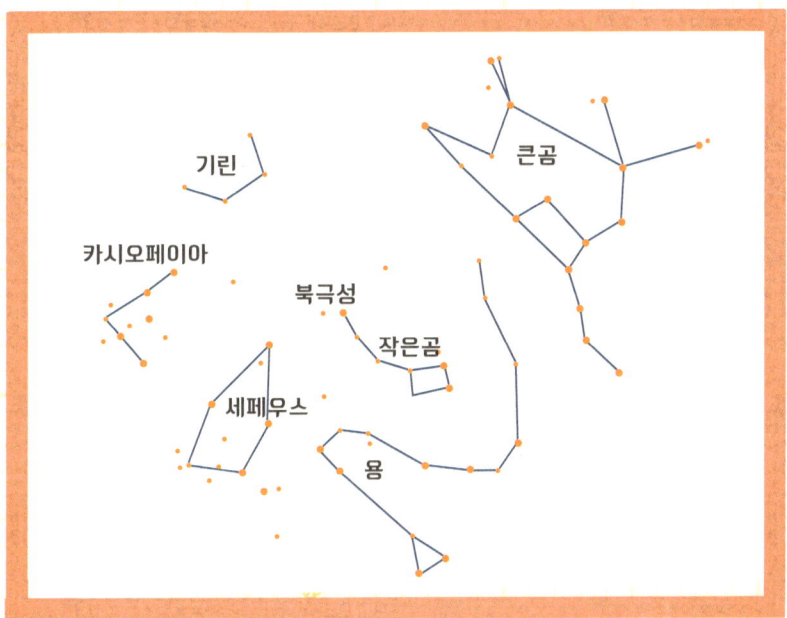

3 상자 윗부분에 별자리가 그려진 반투명 종이를 테이프로 고정한 뒤 (두꺼운 고무판 위에서 조심해서) 송곳으로 구멍을 뚫어요. 밝은 별은 좀 더 크게, 어두운 별은 작게 구멍을 내세요.

4 LED 와이어를 상자 안쪽에 넣어 별빛이 나는 것처럼 표현해요. 건전지와 스위치가 흔들리지 않도록 스카치테이프로 액자 바닥에 고정하세요.

5 LED 와이어를 고정한 상자를 액자 뚜껑으로 덮어 볼까요?

6 반짝반짝 별자리 조명이 완성되었네요!

송곳을 사용할 때는 다치지 않도록 조심하세요. 조명을 만들기가 어렵다면, 스크래치 종이에 별자리를 그려 보아도 좋아요.

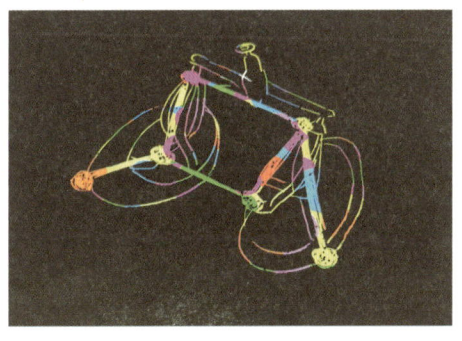
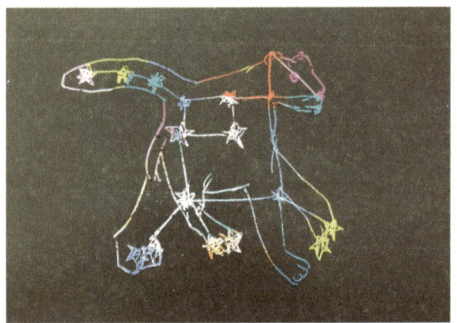

나만의 직업을 찾아볼까?

꽃 한 송이, 나무 한 그루의 힘

작은 뜰이나 베란다에 나무가 자라고, 계절별로 잎사귀가 자라거나 단풍이 드는 풍경을 떠올려 보세요. 활짝 핀 꽃을 보면서 걷는 등굣길과 한낮의 더위를 가려 주는 시원한 가로수 그늘을요. 또 가을에 알록달록 운치 있는 낙엽 길을 걷는 모습을 생각해 보아요. 상상만으로도 마음이 편안해지고 즐거워질 거예요.

꽃이나 나무 같은 식물을 가만히 들여다보고 있으면 왠지 마음이 차분해지고, 슬프거나 화나는 일이 있어도 꽃향기를 맡는 동안 어느새 원래의 나로 돌아오곤 해요. 꽃 한 송이, 나무 한 그루가 발휘하는 능력이 참 놀랍고 대단하지요? 이러한 능력을 알아보고 식물로 공간을 아름답게 가꾸는 일을 하고 싶다면, '플로리스트'에 도전해 보세요.

꽃으로 공간을 가꾸는 플로리스트

플로리스트는 꽃을 이용해서 장식물을 만들거나 공간을 연출하는 사람이에요. 졸업식이나 결혼식, 입학식, 각종 행사장 등 꽃이 필요한 때와 장소의 쓸모에 맞게 장식물을 만들지요.

작게는 꽃다발이나 꽃바구니를 만드는 일부터 크게는 결혼식장이나 연회장, 시상식장 등 다양한 행사가 이루어지는 공간을 행사 목적에 맞춰 아름답게 연출하는 일을 해요.

그러려면 행사장을 이루고 있는 식탁, 의자, 기둥, 창문 등의 건물 구조를 꼼꼼히 살펴서 어떻게 장식할지 구상하고, 적절하게 꽃을 배치하여 행사가 더욱 빛날 수 있도록 해야겠지요.

물론 화훼 시장에서 꽃을 사 오는 일도 빼놓을 수 없어요. 보통 플로리스트는 새벽에 열리는 도매시장을 찾아서 원하는 꽃을 한꺼번에 구매한답니다. 그리고 구매한 꽃을 시들지 않고 싱싱하게 보관하기 위해 적당한 온도와 습도를 유지하는 노력을 기울이지요.

플로리스트가 되려면?

플로리스트는 당연히 식물에 관심이 많고 식물을 좋아하는 사람이어야겠지요. 예술적이거나 탐구형 흥미를 지닌 사람에게 잘 맞아요. 새로운 아이디어를 낼 수 있는 혁신적 사고와 어떤 어려움이 있어도 이겨내겠다는 성취욕, 끈기가 있는 사람에게도 유리하답니다.

또 플로리스트는 꽃의 재배, 유통, 소재에 대한 정보와 더불어 식물의 학명과 꽃의 종류 등에 대한 지식까지도 갖추어야 해요. 미적 감각과 색채 감각도 있어야 하겠지요. 무엇이든 꼼꼼하게 만들기를 좋아하는 사람에게 적합하며, 부지런한 생활 습관과 건강한 체력이 뒷받침되어야 해요.

플로리스트가 되기 위해서는 전문대학이나 4년제 대학교에 진학해 원예학과 등 관련 학과에서 교육받을 수 있어요. 또는 사설 학원이나 직업 전문 학교에서 훈련과 교육을 받는 길도 있답니다.

좀 더 전문적인 지식과 실무를 경험하고 싶다면, 해외 식물원 등에서 운영하는 '정원사 양성 과정'을 이수하는 방법도 있어요. 가든 디자이너, 원예학자, 원예작물 재배원, 식물 연구원, 산림 환경 분야 공무원, 숲 해설가, 정원사, 식물 세밀화가 등도 식물을 좋아하는 사람에게 적합한 직업이지요.

우리를 둘러싼 생명의 변화를 관찰하고 그 변화가 무엇 때문인지 관심을 기울이고 연구하는 자세를 갖춘다면 식물학자, 농경학자, 유전학자를 꿈꿀 수도 있어요. 유전학을 창시한 그레고어 멘델, 진화론을 주장한 찰스 다윈과 같이 세상의 선입견을 극복하고 획기적인 과학 발전을 가져온 과학자들 역시 식물을 좋아하고 뛰어난 관찰력을 가진 이들이었으니까요.

> 한 발 앞으로

우리 집에 어울리는 식물 찾기

꽃 가게나 화훼 시장에 가 보면 다양한 모양의 꽃과 잎사귀를 가진 식물을 볼 수 있어요. 식물마다 좋아하는 환경이 다르고 가진 능력도 다르답니다. 어떤 식물이 우리 집에 필요하고 어울릴지 알아볼까요?

1. **거실**: 온 가족이 사용하는 주요 활동 공간이지요. 공기 정화 기능이 뛰어나고 커다란 식물을 가져다 두면 어떨까요? 아레카야자나 인도고무나무, 디펜바키아처럼 잎이 큰 식물을 두면 시원해 보이고 좋을 거예요.

2. **베란다**: 휘발성 유해 물질을 제거하는 식물 중에서 햇볕을 많이 필요로 하는 식물을 놓도록 해요. 햇볕이 잘 드는 곳이니 꽃이 피는 식물이나 허브류도 좋아요. 팔손이나무, 국화, 시클라멘, 베고니아를 추천해요. 시클라멘은 일 년 내내 꽃을 볼 수 있답니다.

3. **침실:** 주로 밤늦게 하루의 피로를 풀고 편안히 잠들어야 하는 공간이므로 밤에 이산화탄소를 흡수하는 식물을 배치하는 게 좋아요. 호접란이나 선인장, 다육식물 등이 적절해요.

4. **공부방:** 학습 효과를 높일 수 있도록 음이온을 내뿜고, 이산화탄소 제거 능력이 뛰어난 식물이 어울려요. 이왕이면 기억력 향상을 돕는 물질을 배출하는 식물이 더욱 좋겠지요? 팔손이나무, 개운죽, 로즈마리를 추천해요.

5. **주방:** 가스레인지 등으로 요리하는 공간이라서 다른 곳보다 이산화탄소와 일산화탄소가 많이 발생하니, 이를 제거하는 식물이 좋아요. 보통 주방은 빛이 들지 않는 북쪽이나 서쪽이기 때문에 음지에서도 잘 자라는 식물을 놓도록 해요. 흙 대신 물에서도 키울 수 있는 스킨답서스나 빨간 열매가 앙증맞은 산호수를 추천해요.

6. **화장실:** 햇볕이 들지 않아도 잘 자라면서 냄새와 암모니아 가스를 제거하는 능력이 뛰어난 식물이 어울려요. 아이비, 개운죽 같은 식물을 추천해요.

공간별 어울리는 식물

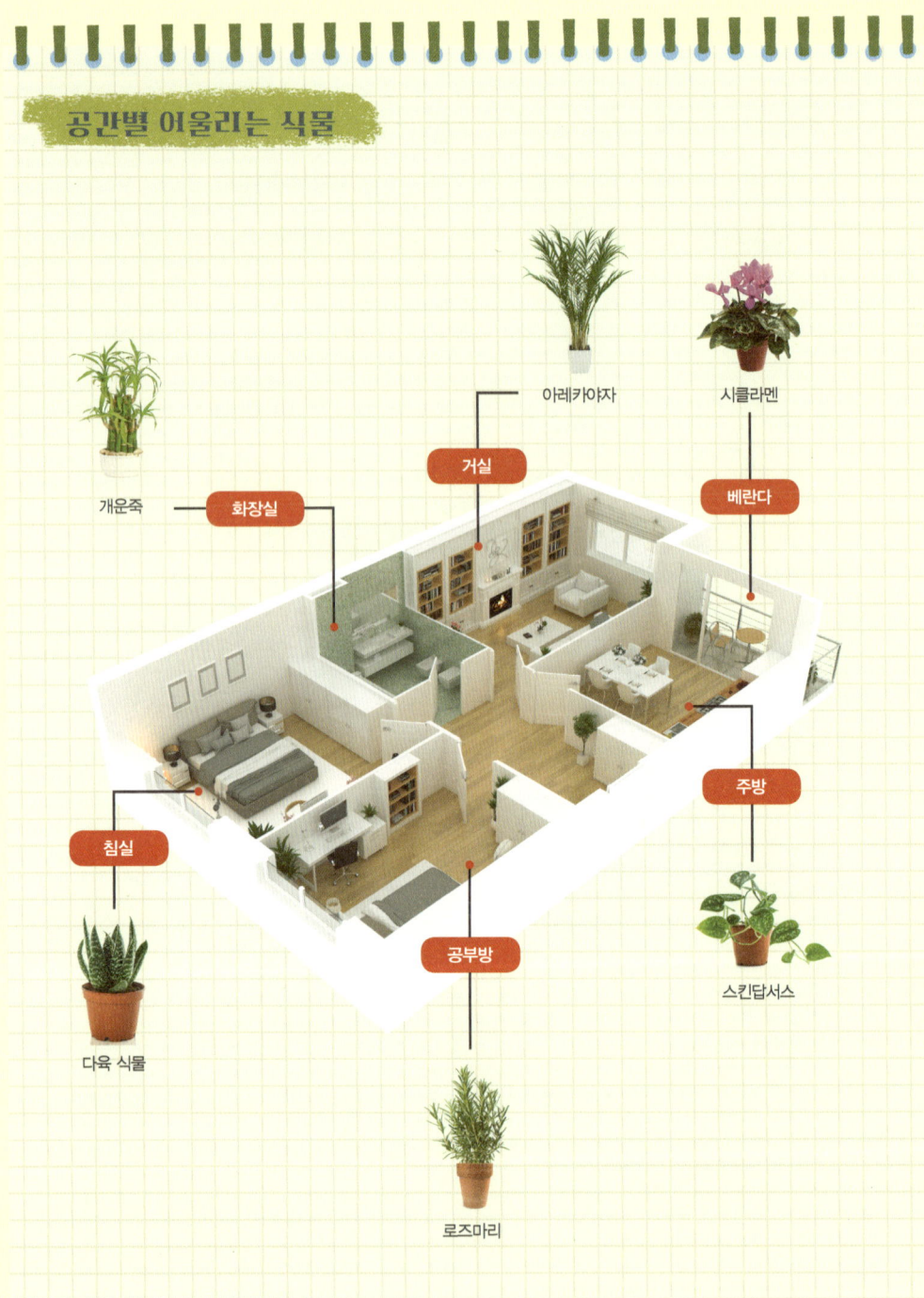

　식물마다 햇빛, 통풍, 습도 등 좋아하는 환경조건이 달라요. 따라서 각 공간의 특성에 맞게 식물을 배치할 필요가 있답니다.

　꼭 마당이나 베란다가 아니더라도, 식물과 친해질 방법은 얼마든지 있어요. 작은 식물을 모아서 내 방 안에 나만의 작은 식물원, 미니 정원을 꾸며 볼까요?

> 함께 실험해요

내 방의 미니 정원 만들기

여러 식물을 모아 심을 때는 같은 습도와 온도를 좋아하는 식물을 선택하는 것이 중요해요. 예를 들어 수생식물(물속에서 자라는 식물)끼리 심거나 다육식물(선인장처럼 잎 또는 줄기 안에 많은 수분을 가지고 있는 식물)끼리 심어야 잘 자란답니다. 만약 서로 다른 환경에서 자라는 식물을 마구 섞어서 심는다면, 얼마 지나지 않아 말라 죽거나 뿌리가 썩어 죽고 말 거예요. 이 점을 기억하면서 지금부터 내 방에 둘 미니 정원을 꾸며 볼까요?

준비물

작은 다육식물들, 유리 수반 또는 옹기 화분, 흙(마사토), 자갈

만약 빛이 잘 들지 않는 공부방에 물을 많이 좋아하지 않는 식물로 정원을 꾸민다면, 다육식물이 적절하답니다. 자, 그럼 지금부터 흙과 자갈, 다육식물을 이용한 미니 정원을 만들어 보아요.

1 미니 정원을 꾸밀 장소를 결정하고, 그곳의 환경을 살펴보아요.

장소	예) 공부방의 창가
햇빛이 하루 중 언제 몇 시간 정도 들어오나요?	예) 직사광선이 들지 않음
물은 얼마나 자주 줄 수 있나요?	예) 주 1회

2 화분의 가장 아랫부분은 자갈을 넣고, (그 위에 숯을 조금 깔아도 좋아요.)
그 위에 부드러운 흙을 담으세요.

3 흙을 채웠다면 원하는 식물을 적절한 위치에 배치해 보아요. 먼저 다육식물의 뿌리가 상하지 않도록 흙을 살살 털어서 준비해요. 다육식물 중에 키 큰 것을 중앙에 심고 작은 순서대로 그 주변에 심는 거예요. 서너 종류의 다육식물을 모아서 심어 보세요.

4 흙 윗부분은 흰 모래나 조개껍데기로 장식하거나 작은 장난감을 올려 놓아도 잘 어울려요.

5 미니 정원을 완성했다면 나만의 개성을 듬뿍 담은 이름표를 꽂아 볼까요?

6 이제 식물이 어떻게 성장하고 변화하는지 살펴보아요. 다음은 수박씨를 심고 작성한 관찰 일지의 일부예요. 여러분도 도전해 보세요.

날짜	날씨	관찰 내용	측정한 값 / 특이 사항	그림 / 사진
7월 20일	맑음 34℃	수박 싹이 나왔다.	키가 3cm 정도 된다.	
8월 2일	흐림 32℃	수박에 꽃이 피기 시작했다. 주로 수꽃이고 암꽃이 1~2개 피고 있다. 전체 잎사귀가 30개 이상 되었다.	수꽃이 암꽃보다 훨씬 많다. 암꽃의 경우 꽃 아랫부분에 수박이 될 부분이 불룩하다.	
8월 5일	맑음 32℃	암꽃이 지고 수박이 될 부분이 점점 자라고 있다. 줄무늬가 연하다.	수박의 긴 지름이 4cm 정도 된다.	
8월 8일	맑음 32℃	수박이 커지고 줄무늬가 진해졌다.	수박의 긴 지름이 5cm이다.	
8월 20일	맑음 29℃	수박이 더는 크기가 자라지 않아서 잘랐다. 밤의 크기와 비교해 보았다. 어린아이 머리 정도 크기 만하다.	수박의 긴 지름이 38cm이다.	

즐거운 TiP

- 완성된 미니 정원에 물을 주는 시기는 약 이틀 뒤가 좋아요. 겉흙이 바짝 말랐다고 느껴질 때 물을 아주 조금씩 주세요. 잊지 마세요! 다육식물은 햇빛을 좋아하고 건조한 환경을 좋아한답니다. 그러니 물을 너무 자주 주지 않도록 주의하세요.
- 꽃이나 관상용 식물 말고 과일을 먹고 나서 생기는 씨앗을 흙에 심고 자라나는 과정을 꼼꼼히 관찰하는 것도 재미있어요. 마치 완두콩을 심고 길러서 수확하는 일을 수없이 반복했던 멘델과 같은 근사한 식물학자가 된 기분이 들 거예요.

한계를 뛰어넘어라
운동선수

> 나만의 직업을 찾아볼까?

스포츠와 과학이 만나면

오늘날은 과학의 도움을 받아 인간의 한계를 새롭게 끌어올리는 시대입니다. 이는 스포츠에서도 마찬가지예요. 기업과 운동선수들이 신기술로 개발된 스포츠용품과 기구를 선보이고, 스포츠와 관계된 여러 가지 사업과 직업이 새롭게 만들어지고 있어요.

스포츠 과학은 스포츠에 관련된 과학 법칙을 발견하고 연구하는 학문으로, 스포츠 활동 능력과 인체 운동의 효율성을 끌어올리는 데 목적이 있어요. 예를 들어 공기저항을 줄이는 전신 수영복, 통풍이 잘되는 숨 쉬는 운동화, 공기역학판이 달린 초경량 자전거 등 수많은 운동 장비와 용품이 새롭게 등장하며 스포츠 과학을 발전시키고 있지요.

이러한 스포츠 과학을 통해 더욱 멋진 모습으로 경기장에서 종횡무진하며 활약하는 '운동선수'를 지금부터 만나 볼까요?

과학적으로 훈련하는 운동선수

운동선수는 축구, 야구, 테니스, 골프 등 각종 운동 경기에서 선수로 활약하는 사람을 말해요. 운동선수를 본업으로 하느냐 아니냐에 따라 직업 운동선수(프로 선수)와 아마추어 운동선수로 나누어요.

축구 선수 손흥민, 배구 선수 김연경은 세계적으로 이름을 날린 프로 선수이지요. 운동 선수가 되고 싶은 친구들의 롤모델이기도 하고요. 이들처럼 성공한 운동선수들 뒤에는 도움을 아끼지 않는 감독과 코치, 스포츠 트레이너 등 많은 조력자가 있답니다.

　운동선수들이 가장 두려워하는 것은 부상이에요. 선수들의 부상을 예방하거나 부상당한 선수의 재활을 도와 경기력을 높이는 사람을 스포츠 트레이너라고 해요. 스포츠 트레이너는 운동선수들의 상태나 능력을 과학적으로 분석해 맞춤 트레이닝을 합니다.
　예를 들어 단거리달리기 선수들은 짧은 시간에 큰 힘을 내기 위해 우람한 근육을 만드는 웨이트트레이닝을 해야 해요. 반면 마라톤 선수들은 조깅 같은 유산소운동을 통해 지구력을 위한 근육을 만들지요.
　운동 경기에서 가끔 선수들이 팔이나 다리에 테이프를 붙이고 나오는 모습을 볼 수 있는데, 이는 근육과 인대가 지나치게 수축하거나 늘어나는 것을 예방하여 부상의 위험을 줄이는 효과가 있답니다.

운동선수가 되려면?

프로 선수가 되려면 해당 종목의 규칙을 익히고 좋은 성적을 내기 위해 체력 훈련과 기술 훈련 및 부상 예방 훈련 등을 꾸준히 해야 해요. 경기에서 승리하기 위해 전략과 기술을 개발하며 자신과 팀은 물론 경쟁 상대의 장단점을 분석하고 작전을 세워 경기에 임해요.

좋은 운동선수가 되기 위해서는 강인한 체력이 필요하며 꾸준한 훈련을 통해 자기 관리 능력과 평정심을 유지하는 정신력, 순간적인 상황 판단 능력을 길러야 해요. 개인이 아닌 여러 명이 한 팀을 이뤄 활동하는 경우에는 협동심과 원만한 대인 관계를 유지하는 능력도 필요해요.

초·중·고등학교 운동부를 통해 오랜 훈련을 거친 뒤 프로 선수로 진출하는 경우도 있고, 체육대를 비롯해 전문대학이나 4년제 대학교에서 체육학과, 사회체육학과 등 체육 관련 학과를 전공하며 교육받을 수도 있어요.

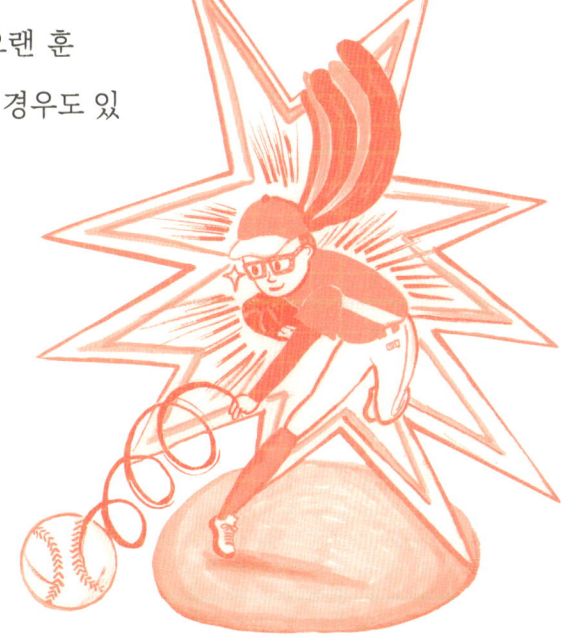

한 발 앞으로

스포츠에 과학이 있다

축구 선수가 찬 공이 휘어져 골대 구석으로 들어가거나 야구 선수가 던진 야구공이 큰 곡선을 그리며 포수의 글러브 속으로 들어가는 모습을 본 적이 있지요? 공이 커브를 그리며 날아가는 이유를 마그누스효과로 설명할 수 있어요.

독일 과학자 하인리히 마그누스가 발견했다고 해서 이름 붙여진 '마그누스효과'란 공기나 물 같은 유체 속에서 회전하는 물체의 회전축이 유체 흐름에 대하여 수직일 때 물체의 회전축에 대해 수직 방향으로 힘이 생기는 현상을 말해요.

야구공은 회전이 없을 때는 곧바로 나아가지만 회전할 때는 유체 흐름과 회전 방향이 같아서 '유속이 빨라지는 곳'과 방향이 반대여서 '유속이 느려지는 곳'이 생겨요. 유속이 빠를수록 공기압은 낮아지다 보니 회전하는 공은 양력(유체 안을 운동하는 물체에 수직 방향으로 작용하는 힘)을 받아 운동

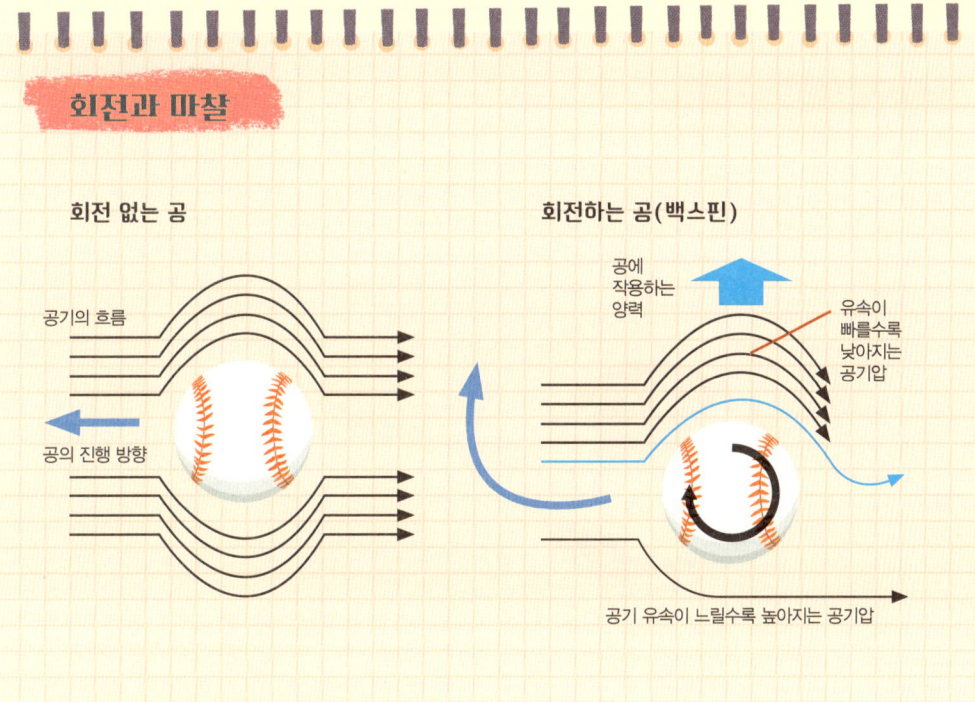

회전과 마찰

회전 없는 공 / **회전하는 공(백스핀)**

공기의 흐름 / 공의 진행 방향 / 공에 작용하는 양력 / 유속이 빠를수록 낮아지는 공기압 / 공기 유속이 느릴수록 높아지는 공기압

하는 경로가 휘어지게 되지요.

마그누스효과에 의해 양력이 발생하고, 회전이 걸린 느린 공은 빠른 공보다 양력을 더 많이 받아 크게 휘어지게 돼요.

만약 야구에서 크게 위로 솟구치면서 아래로 떨어지는 커브 공을 던지려면, 앞으로 나가는 공에 의해 생긴 공기 흐름과 공의 회전 방향이 같은 곳이 공의 위쪽에 생기도록 공을 시계방향으로 회전하게 던지면 됩니다.

축구에서도 왼쪽으로 휘어지는 일명 바나나킥이라 불리는 공을 차려면, 유체의 방향과 회전 방향이 일치하는 지점이 공의 왼쪽에 오도록 반시계 방향으로 회전시켜야 해요.

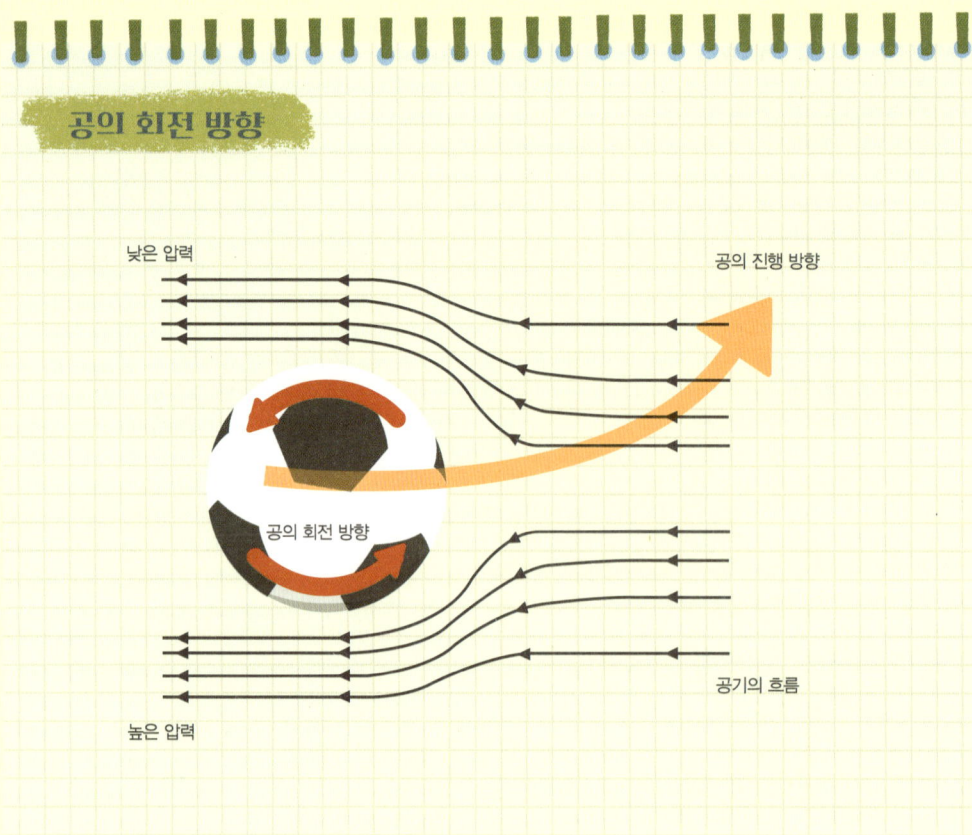

축구 선수는 공의 오른쪽을 비스듬히 차면 왼쪽으로 휘는 바나나킥(또는 스핀킥)을 만들 수 있어요.

요즘 축구에서는 새로운 프리킥인 무회전 킥이 인기예요. 특히 포르투갈 공격수 크리스티아누 호날두가 자주 구사하는 킥이지요. 무회전 킥은 공의 진행 방향과 충격이 가해지는 힘의 방향이 정확히 일치해 회전 없이 날아가요. 공의 회전이 없기 때문에 날씨나 바람, 습도에 따라 불규칙하게 움직여요. 공을 차는 선수는 물론 골키퍼도 공이 어디로 휠지 알 수 없어서 대처하기 힘들어요.

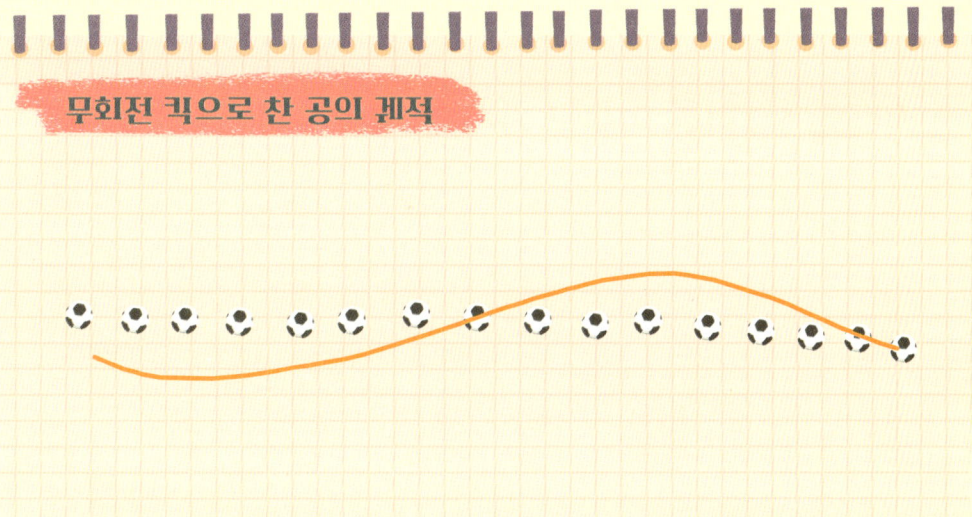

무회전 킥은 공을 차는 선수가 공의 정중앙을 정확하게 차야 하지만, 발의 모양과 공의 표면이 둥글기 때문에 쉽지 않아요. 정확하게 무회전 킥을 차려면 도움닫기를 짧게 하는 등 간결한 슛 동작이 필요하답니다.

> 함께 실험해요

마그누스효과를 이용한 종이컵 날리기

자, 지금부터 종이컵을 날리면서 마그누스효과를 직접 느껴 볼 거예요. 자신이 공을 던지거나 차는 운동선수라고 생각하며, 공 대신 종이컵을 날려 보세요. 종이컵과 고무줄만 있으면 쉽게 만들 수 있답니다.

준비물

플라스틱 컵 또는 종이컵 2개, 고무줄 5개, 투명테이프, 가위

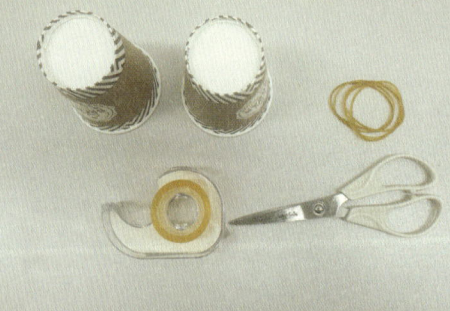

1 종이컵을 두 개 연결하여 테이프로 고정하세요.

2 고무줄을 다섯 개 연결하여 종이컵 중앙에 몇 바퀴 감으세요.

3 고무줄을 잡아당기고 놓은 뒤 종이컵이 날아가는 모습을 관찰하세요.

4 종이컵이 위로 날아가려면 종이컵의 회전 방향은 어떻게 될까 생각해 보세요.

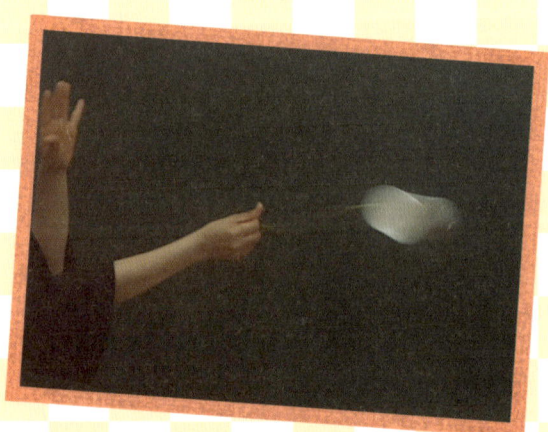

 즐거운 TiP

- 야구할 때 커브 공 던지는 방법을 알아볼까요?

  • 야구공을 잡고 놓을 때 방법
    ① 야구공 중심의 약간 오른쪽을 잡고 오른쪽 중지의 중간부를 볼의 봉제선에 올려놓는다. 엄지는 반대쪽 봉제선에 붙인다.
    ② 공의 진행 방향과 같은 방향으로 회전이 생기도록 던진다.

  • 야구공을 던지는 방법
    ① 다리를 들면서 몸을 비튼다.
    ② 팔을 빼며 던질 준비를 한다.
    ③ 다리를 앞으로 뻗는다.
    ④ 뒤로 뻗었던 팔을 반동과 함께 앞으로 당기며 공에 회전을 주며 던진다.
    ⑤ 공을 던진 후 팔을 내린다.

- 4번 정답: 종이컵을 위로 날아가게 하려면, 종이컵의 회전 방향이 반시계 방향이 되어야 해요.

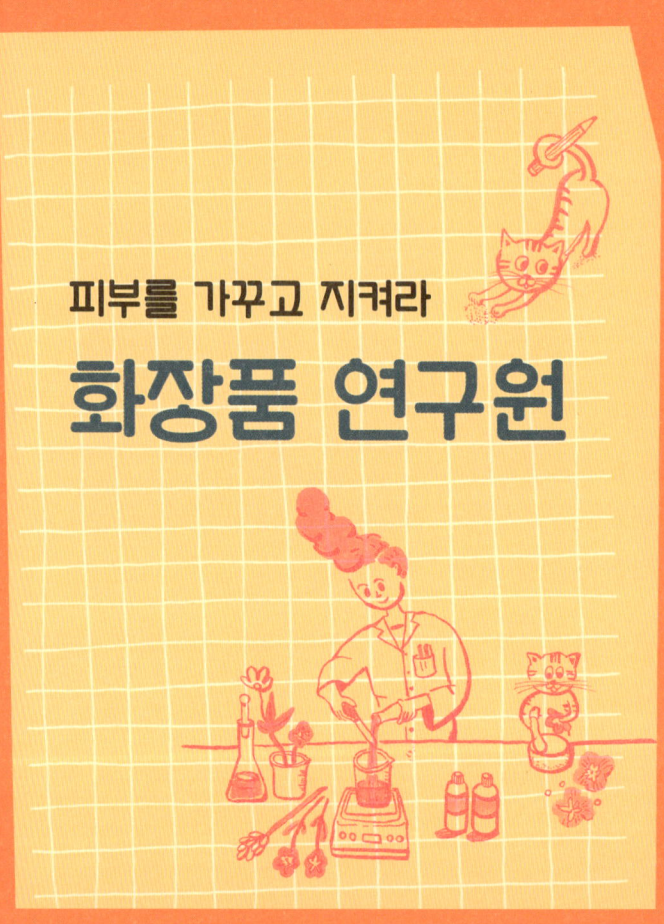

피부를 가꾸고 지켜라
화장품 연구원

나만의 직업을 찾아볼까?

현대인들의 필수품이 된 화장품

사람들은 하루에 몇 가지 화장품을 사용할까요? 스킨, 로션에서부터 색조 화장품까지 화장품의 종류는 무척이나 많아요. 이를테면 머리를 감을 때 사용하는 샴푸와 린스도 일종의 화장품이지요. 이처럼 현대인들에게 화장품은 매일 사용하는 필수품이에요.

그렇다면 우리는 언제부터 화장을 시작했을까요? 화장의 기원은 여러 가지 학설이 있지만 아주 오래전부터 시작됐을 것으로 추정해요. 아름답게 보이고 싶은 욕구는 인간의 본능이니까요.

신라에서는 쌀가루로 만든 백분으로 얼굴을 희게 화장했고, 붉은 꽃으로 연지를 만들어 입술을 붉게 칠했다고 해요.

조선 후기에 쓰인 『규합총서』라는 책에는 눈썹의 모양을 열 가지로 묘사한 〈십미요〉가 수록되어 당시 여성들이 눈썹을 다양하게 그렸다는 사실을 알 수 있어요.

오랜 역사를 자랑하는

화장품은 오늘날 더욱 다양한 용도로 사용돼요. 화장품은 피부를 청결하게 하고, 수분과 유분을 적절하게 공급하며, 혈액순환을 도와 신진대사를 촉진시키는 역할을 해요. 또 인공 피지막을 만들어 수분 증발이나 세균 감염 등으로부터 피부를 보호하는 역할도 해요.

그렇다면 이렇게 중요한 역할을 하는 화장품은 누가 만드는 걸까요? 지금부터 화장품을 만드는 사람 '화장품 연구원'의 세계를 들여다봅시다.

아름다움을 만드는 화장품 연구원

화장품 연구원은 화학제품 원료로 여러 가지 기능의 화장품을 개발하는 사람이에요. 각 개인의 체질에 적합하고 안전한 화장품을 과학적이고 체계적으로 개발해야 해요. 기본적인 화장품 연구 개발뿐만 아니라 교육, 홍보 등 화장품과 연관된 다양한 업무를 맡지요.

요즘은 친환경 제품에 대한 사람들의 관심이 높아서 환경에 무해한 식물성 소재로 화장품 재료를 만든다거나 동물실험을 하지 않는 등 다양한 노력을 기울여야 하는 분야이기도 해요.

그 외에도 화장품을 활용해 아름다움을 표현하는 직업이 많아요. 피부 관리사는 몸 전체의 피부 상태를 관리하는 일을 해요. 메이크업 아티스트는 고객의 요구 또는 분야의 특성에 맞춰 메이크업을 연출하지요. 분장사는 연극, 영화, 드라마 등 극 내용과 어울리게 배우를 분장하는 일을 해요.

화장품 연구원이 되려면?

화장품 연구원이 되기 위해서는 무엇보다 화장품을 좋아해야겠지요. 여기에 더해 화학물질을 연구하기 위한 과학적 분석력, 새로운 것을 생각해 내는 과학적 창의력과 융합적 사고력, 다른 연구원들과 협업하는 능력이 필요해요.

전문대학이나 4년제 대학교의 화장품학과, 화학공학과, 정밀화학과, 고분자공학과, 고분자학과, 농화학과, 공업화학과, 응용화학공학과, 정밀공업화학과, 화학시스템공학과, 응용생명환경화학과 등에서 화장품 연구원과 관련된 지식을 공부할 수 있어요.

화학 관련 지식을 쌓은 화학공학 기술사는 석유화학 산업 분야나 환경 분야 산업체 또는 연구소, 제약 회사, 화장품 회사로 진출할 수 있어요. 화장품 회사에 취업하여 화장품과 관련된 연구를 하면 화장품 연구원이 된답니다.

> 한 발 앞으로

기초 화장품부터 구강 화장품까지

화장품은 크게 기초 화장품과 메이크업 화장품, 모발 화장품, 방향 화장품, 바디 화장품, 구강 화장품 등으로 나눌 수 있어요.

 기초 화장품은 피부를 청결하게 하는 세안 제품과 피부 결을 정돈하고 수분 및 영양분을 공급하는 기능을 해요. 메이크업 화장품은 색조 화장품으로 용모를 아름답게 변화시키는 제품이에요. 보통 기초 화장품으로 피부 결을 정돈한 뒤에 사용해요. 모발 화장품은 모발을 청결하게 유지하고 스타일링하기 위한 제품을 말해요. 우리가 매일 쓰는 샴푸와 린스도 여기에 포함되지요. 방향 화장품은 후각신경을 자극하는 냄새 중에서 유익하게 이용되는 향을 만드는 제품이에요. 바디 화장품은 몸의 청결이나 보습을 위한 제품이고, 구강 화장품은 구강을 깨끗하고 건강하게 관리하기 위한 제품이지요.

분류	종류
기초 화장품	세안 비누, 클렌징 폼, 클렌징 젤, 클렌징크림, 클렌징 오일, 클렌징 로션, 클렌징 워터, 메이크업 리무버, 메이크업 리무버 티슈, 화장수(스킨), 로션, 크림, 팩, 에센스 등
메이크업 화장품	파운데이션, 페이스 파우더, 비비 크림, 메이크업 베이스, 트윈 케이크, 컨실러, 립스틱, 아이 섀도, 아이라이너, 아이 브로, 마스카라, 립스틱, 립글로, 네일 아트 등
모발 화장품	샴푸, 린스, 헤어트리트먼트, 헤어스프레이, 헤어 무스, 헤어 젤, 헤어로션, 염모제, 헤어 블리치, 탈모제, 제모제 등
방향 화장품	향수, 오데 코롱 등
바디 화장품	바디 샴푸, 바디 클렌저, 바디 오일, 체취 방지제, 입욕제 등
구강 화장품	치약, 가글액 등

각양각색 화장품 성분

1. 에멀전(유화제)
화장용 크림은 수분과 유분을 공급하는 기초 화장품으로 습기를 잡아 주는 습윤제예요. 이 물질들은 지방질이기 때문에 기름 형태로 피부에 골고루 바르기가 쉽지 않아 지방 성분에 물과 다른 성분을 섞어 안정한 혼합물을 만들어 사용하지요. 그중 고형화한 것이 크림이고 액화한 것이 로션이에요. 이런 혼합물을 에멀젼(유화제)이라고 한답니다.

모든 크림과 로션에는 사용 기간이 있지요? 이것은 모든 콜로이드(기체·액체·고체 속에서 분산 상태로 있고 확산 속도가 느리며, 현미경으로는 볼 수 없으나 원자 또는 저분자보다는 커서 반투막을 통과할 수 없을 정도의 물질)가 그렇듯이 시간이 지남에 따라 지방과 물이 분리되기 때문이에요.

2. 수상 재료
물과 섞인 재료를 수용성 재료 또는 수상 재료라고 해요. 증류수와 정제수가 대표적으로 사용되는 수상 재료이지요. 일반 정수기 물이나 생수, 수돗물은 다양한 미네랄을 포함하고 있어서 화장품 재료로는 맞지 않아요.

글리세린은 예부터 잘 알려진 보습제예요. 물과 잘 섞여 습기를 오래 유지하는 성질이 있지요. 샴푸나 린스에도 보습제로 첨가되기도 합니다. 위치헤이즐 워터는 뛰어난 수렴 작용으로 자연 소독제라 불리는 하마메리스 잎에서 채취해요. 로즈 워터는 지친 피부를 생기 있게 회복시키고, 유수분 밸런스를 유지시켜 준답니다. 캐모마일 워터는 에센셜 오일 성분을 포함하고 있어 진정·이완 작용을 하고 여드름, 아토피 피부에도 적합해요.

플로랄 워터	라벤더 워터, 로즈 워터, 위치헤이즐 워터 등(에센셜 오일을 추출한 후 얻어지는 증류수)
보습 성분	글리세린, 히알루론산, 모이스틴, 베타글루칸, 수세미 추출물, 콜라겐 등
항산화제	팅크처, 로즈마리 추출물, 에틸알코올, 폴리페놀, 녹차 추출물 등
미백 재료	녹차 추출물, 폴리페놀, 딸기 추출물, 감초 추출물 등
방부제류	한방 방부제, 자몽씨 추출물, 나트리 천연 방부제 등
기타	다양한 허브와 한방 재료 추출물 등

3. 유상 재료

오일(기름) 또는 오일과 섞이는 재료를 지용성 재료 또는 유상 재료라고 해요. 식물의 열매나 동물의 지방에서 얻어 낸 기름 성분이에요. 피부에 보호막을 형성하여 수분이 증발하는 것을 막아 피부를 부드럽게 만드는 역할을 하지요.

식물성 오일	호호바 오일, 스위트 아몬드 오일, 헤이즐넛 오일 등
인퓨즈 오일	카렌둘라 오일, 아르니카 오일, 캐럿 오일 등(식물을 해바라기 오일 등에 우려낸 추출 오일)
왁스	벌집에서 추출한 밀랍, 칸데릴라 왁스, 올리브 왁스, 라벤더 왁스 등
동물성 지방	라드, 밍크 오일, 라놀린, 타조 오일 등
식물성 버터	시어 버터, 코코아 버터, 망고 버터, 호호바 버터, 아몬드 버터 등(상온에서 반고체 상태임)
고급 알코올	세틸알코올, 스테아릴 알코올, 세토스 등
실리콘 오일	디메치콘, 사이클로메치콘 등(보습과 피부 유분을 조절함)
에센셜 오일	라벤더 에센셜 오일, 페퍼민트 에센셜 오일, 캐모마일 에센션 오일 등(허브에서 추출함)
에스테르	IPM, IPP 등(유분감을 조절함)
지방산	라우릭애씨드, 팔미틱애씨드, 스테아릭애씨드 등(액상 클렌징 제품에서 사용함)
탄화수소	유동 파라핀, 페트롤레이텀, 스쿠알란 등(탄소와 수소로만 구성됨)
기타	코엔자임Q10, 세라마이드, 레티놀, 비타밀E 등

4. 계면활성제

계면활성제는 주로 세정(분리), 가용화, 유화 역할을 해요. 세정은 피부에서 때를 분리하고 오물을 세척하는 비누, 샴푸, 클렌징 폼에 있는 역할이에요. 가용화는 스킨과 에센스를 만들 때 주로 물에 잘 녹지 않는 재료를 녹이는 역할이고요. 유화는 크림이나, 로션, 샴푸를 만들 때 물과 기름처럼 서로 섞이지 않는 액체를 섞는 역할이에요. 계면활성제가 적을수록 피부에 가해지는 자극이 줄어들어 최소한으로 사용하는 편이 좋답니다.

유화제	트윈, PEG유도체, 밀랍, 코코아 버터, 이멀시파잉 왁스, 몬타 왁스 등
가용화제	HCO30, HCO40, 트윈20, 트윈80, 바이오솔브 등
세정	음이온 계면활성제, 양쪽성 계면활성제, 양이온 계면활성제 등

> 함께 실험해요

촉촉 산뜻 핸드크림 만들기

내 손을 보드랍게 해 줄 핸드크림을 만들어 봅시다. 실험에 앞서 내 피부 유형과 핸드크림 성분 등을 점검해 볼까요?

1 피부 유형별 특성을 살펴보세요.

복합성 피부	T존 부위(이마, 코)에 피지 분비가 많고 볼 주위는 건조하다. T존을 제외한 부위는 세안 후 볼 부위에 당김 현상이 생긴다. 피부 트러블이 쉽게 생긴다. 피부 결이 곱지 못하며 피부 조직이 전체적으로 일정하지 않다.
중성 피부	피부 표면이 매끄럽고 부드럽다 피지 분비 및 수분 공급 기능이 적절하다. 피부 이상인 색소, 여드름, 잡티 현상이 없다. 피부 결이 섬세하고 모공이 미세하여 피부색이 맑다. 탄력이 좋고 피부조직이 정상적인 상태에서 단단하며 주름이 없다. 세안 후 피부 당김이 별로 느껴지지 않는다.
건성 피부	환절기가 되면 하얀 각질이 일어나거나 피부가 붉어진다. 건조해 잔주름이 생기기 쉽다. 화장이 들뜨고 피부가 얇아 실핏줄이 생기기 쉽다. 주름 발생이 쉬우므로 노화 현상이 빨리 온다. 세안 후 피부가 심하게 당긴다. 피부 보호막이 얇아 피부가 손상되면 색소가 침착되어 주근깨, 기미가 생길 수 있다.

지성 피부	여드름과 뾰루지가 잘 생기며 모공이 넓다. 화장 후 얼마 지나지 않아 번들거리고 쉽게 지워진다. 세안 후 잠시 있으면 얼굴이 번들거린다. T존 주변, 얼굴 전체에 항상 유분이 많다. 피지가 많아 자주 씻어도 번들거리고 지저분하다.
민감성 피부	여드름, 발진, 알레르기 등 피부 트러블이 쉽게 일어난다. 날씨나 바람에 따라 얼굴 홍조가 자주 생긴다. 건조한 느낌이 들면 얼굴이 빨갛게 변한다. 얼굴 피부가 자주 건조해진다. 세안 후 피부 당김이 별로 느껴지지 않는다.

☞ 나는 (　　　) 피부이다.

2 핸드크림 성분을 알아보세요.

① 스마트폰에 화장품 성분을 알려 주는 애플리케이션을 설치하고 실행하세요.
② 알고 싶은 화장품의 브랜드와 이름을 검색하세요.
③ 해당 화장품의 주요 성분을 찾아보세요.

핸드크림 이름	주요 성분 이름	주요 성분의 역할 및 특징

3 아래 빈칸을 채우고 나에게 맞는 유형에 동그라미를 그리세요.

나는 (　　) 피부 타입으로
피부 결은 (곱다 / 보통 / 거칠다),
피부 보습은 (좋다 / 적당하다 / 나쁘다),
피지량은 (많다 / 적당하다 / 부족하다),
피부 민감도는 (정상이다 / 예민하다 / 매우 예민하다),
피부 탄력은 (좋다 / 보통이다 / 나쁘다)이다.

나에게 맞는 화장품은
보습력이 (보통 / 높다),
피부 진정 효과가 (보통 / 높다),
피부 탄력성은 (보통 / 높다)여야 한다.

나에게 더 좋은 핸드 크림에는
(시어 버터 / 호호바 / 글리세린 / 모이스트 / 콜라겐 / 라벤더 / 비타민 E / 알부틴 / 트리클로산캡슐 / 위치헤이즐 워터 / 캐모마일 워터 / 로즈 워터) 성분이 필요하다.

준비물

도구: 핫플레이트, 비이커, 온도계, 깔끔 주걱, 전자저울, 용기

약 110g용: 로즈 워터 57g, 시어 버터 20g, 스위트 아몬드 오일 5g, 글리세린 8g, 올리브 유화 왁스 5g, 모이스트 1g, 히알루론산 1g, 아카시아 콜라겐 1g, 한방 보존제 1g, 라벤더 2~3방울

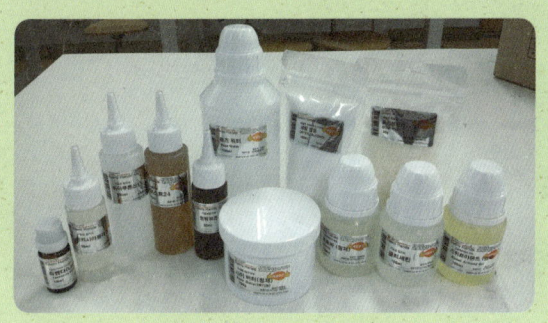

4 한 비커에 로즈 워터와 글리세린을 계량하여 담고, 다른 비커에 시어 버터, 스위트 아몬드 오일, 올리브 유화 왁스를 계량하여 담으세요.

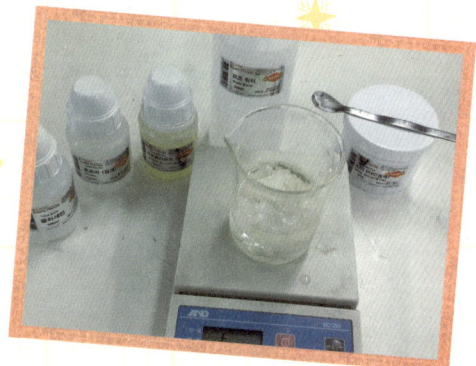

5 비커를 핫플레이트에 올려 온도를 80도까지 가열한 뒤 유상 재료를 수상 재료에 붓고 저으면서 골고루 섞어 주세요.

6 비커 속 액체를 미리 소독해 둔 용기에 담으세요.

7 자, 나만의 촉촉 산뜻 핸드크림이 완성되었네요!

 즐거운 TiP

- 사용하는 비커나 도구, 화장품 용기 등은 반드시 알코올로 소독한 뒤 사용하세요.
- 천연 화장품이라고 해서 무조건 좋은 것은 아니에요. 자기 피부에 맞지 않을 수 있으므로 손목이나 귀 뒤쪽의 피부에 먼저 발라서 테스트해 본 후에 사용하는 것이 안전해요.
- 천연 화장품은 화학 방부제를 사용하지 않으므로 시중에 판매되는 화장품보다 유통기한이 훨씬 짧아요. 냉장 보관하고 적은 양을 만들어서 빨리 사용하는 것이 좋아요.

맛있는 세계가 펼쳐진다
셰프

> 나만의 직업을 찾아볼까?

주방에서는 무슨 일이?

오늘날 우리에게 음식은 단순히 배고픔을 달래기 위한 것이 아니라 즐기기 위한 것으로 바뀌어 가고 있어요. 요리사는 같은 재료를 가지고도 가지각색의 모양과 맛, 식감으로 우리의 눈과 혀를 즐겁게 하는 요리를 연구하고 개발하지요.

주방의 모든 것을 지휘하고 책임지는 요리사가 바로 '셰프'입니다. 요즘에는 텔레비전이나 인터넷 방송에서도 유명한 셰프들을 쉽게 만날 수 있어요. 요리를 개발하고, 메뉴에 올리고, 고객의 식탁에 올리기까지의 과정에서 셰프의 역할은 매우 중요해요. 그럼 '셰프'가 하는 일을 좀 더 자세히 알아볼까요?

사람들의 입맛을 책임지는 셰프

셰프가 하는 일을 이해하려면 먼저 레스토랑 주방의 서열을 알아야 할 텐데요. 주방의 서열은 다른 어떤 직업에서보다도 엄격하다고 알려져 있어요. 요리를 배웠다고 해서 아무나 직접 요리를 만들 수 없거든요.

보통 요리의 세계에 처음 들어선 사람들은 청소와 설거지 등 보조 일부터 시작하여 요리를 조금씩 배워 나가다가 셰프가 되기도 해요. 고든 램지나 제이미 올리버 같은 세계적인 셰프들과 방송에서 종종 봐온 우리나라 셰프들도 모두 주방 보조 시절을 거쳤답니다.

셰프(주방장)는 주방의 총 책임을 맡으며 주방에 소속된 파트별 요리사를 지휘하는 역할을 해요. 자신 또는 다른 요리사가 개발한 요리를 메뉴에 올릴 것인지를 선택하며, 음식의 간과 익힘도, 식재료 선택과 구매, 메뉴 가격, 음식 담기(플레이팅) 등 고객의 식탁에 오를 상품의 완성도를 결정하지요.

셰프 자신의 생각이나 레스토랑의 성격 등에 따라 차이가 있지만 대체로 판매하는 요리를 직접 조리하지 않고 지휘하거나 감독해요. 아예 수셰프(부주방장)에게 주방 지휘를 맡기고 바깥에서 사무나 고객 응대, 메뉴 개발, 홍보 활동 등을 하는 셰프도 있어요.

하지만 셰프도 요리사라는 사실은 분명하답니다. 요리사는 기본적으로 주문서나 식단 계획표에 따라 재료를 준비하고, 식료품을 관리해요. 또 각종 조리 기구를 사용하여 조리법에 따라 음식을 조리하며, 음식의 맛과 영양 상태 등을 점검해요. 요리사는 음식의 특성을 살려 조리해야 하므로 다양한 조리 기구 사용법에 능숙해야 해요. 마지막으로 중요한 일 중 하나는 남은 재료를 손질해서 보관하고 식기, 조리 기구, 요리실 안을 정리하는 것이랍니다.

셰프가 되려면?

셰프가 되려면 먼저 요리사가 되어야 해요. 요리사는 예민한 미각을 지녀야 하며, 새로운 음식 메뉴를 개발해야 하니 적극적이고 창의적인 사람에게 적합해요. 또 오랫동안 서서 일해야 하는 직업이므로 이를 견딜 수 있는 인내심과 끈기, 체력이 뒷받침되어야 해요.

무엇보다 주방에서 여럿이 요리하는 경우가 많아 협동심과 고객에 대한 서비스 정신도 중요하지요. 물론 셰프의 자리에 서려면 함께 일하는 사람들을 잘 이끄는 리더십도 빼놓을 수 없겠지요.

요리사가 되는 데는 적어도 2~3년의 수습 기간이 필요해요. 전문 셰프가 되고 싶다면 일반적으로 사설 학원에서 요리 강좌를 수강하거나 조리 과학 고등학교 또는 대학교에서 식품영양과, 식품조리과, 외식조리과, 호텔조리과 등 관련 학과를 졸업하고 자격시험에 응시해야 해요.

셰프가 되려면 먼저 요리사 자격증이 필요한데 한식 조리 기능사, 양식 조리 기능사, 중식 조리 기능사, 일식 조리 기능사, 복어 조리 기능사, 조리 기능장, 조리 산업 기사 자격증이 있어요.

> 한 발 앞으로

요리하는 네 가지 방법

요리사는 항상 요리의 기본기를 튼튼하게 다져야 해요. 중식 요리의 대가로 알려진 이연복 셰프도 "처음 시작할 때 기본을 제대로 익히자."라고 강조했답니다.

먼저 요리사는 칼을 잘 다루어야 해요. 칼질을 잘못하면 사고가 날 수 있으니 안전을 위해서도 더더욱 제대로 다루어야 하겠지요. 칼은 날카로운 면으로 고기와 식물을 잘게 자를 수 있어요. 음식을 보다 작은 크기로 쪼개면 씹기도 좋고 소화시키기도 쉬워져요.

두 번째로는 적시고 거르는 요리법이 있어요. 음식을 물에 적시거나 체와 천같이 틈새를 가진 도구를 이용하여 음식을 거르는 방법은 콩 같은 식물성 음식을 부드럽게 만들어요. 우리가 흔히 먹는 도토리의 경우 쓴맛과 떫은맛을 내는 성분인 탄닌이 함유되어 있어서 그대로 먹을 수 없어요. 그래서 이러한 맛을 제거하기 위해 가루로 만들고 물에 반죽하여 묵을 만들어 먹기도 해요.

세 번째 요리법은 가열과 냉각이에요. 요리가 만들어지는 주방에서는 불이 없으면 안 돼요. 음식을 가열하면 길고 복잡한 분자들이 짧은 분자들로 쪼개져 소화하기 쉬운 형태로 변해요. 가열은 식물이 지닌 독성 물질 혹은 씁쓸한 맛을 우리 몸에 해롭지 않도록 바꾸어 주어 음식을 안전하고 맛있게 만들어요. 열은 새로운 맛과 향을 만들어 내요. 여

　름철과 같이 더울 때는 찬 음식을 만들어 먹어 더위를 달래기도 해요. 냉장 혹은 냉동은 부패를 늦추는 효과도 있어요.

　마지막으로 곡물이나 식물을 발효시켜 먹는 방법이 있어요. 음식을 발효시키면 향이 진해지고, 독성이 줄어들고, 소화가 쉬워지고, 부패가 늦춰지며, 요리 시간이 짧아져요. 김치, 식혜, 고추장, 된장 등은 대표적인 우리나라의 발효 식품이에요. 버터, 치즈, 요구르트 등도 발효 식품으로 사랑받고 있지요.

재료의 혼합과 분리

 요리 재료는 우리 주변에 있는 생물이에요. 재료를 조리하는 과정에서 여러 가지 양념을 더하기도 하지만, 때로는 재료들로부터 특정한 성분을 분리하기도 해요.

 동물과 식물 혹은 버섯과 같은 자연 재료는 여러 가지 물질로 이루어져 있어요. 화학적으로 말하면 이러한 재료는 '혼합물'이에요. 혼합물이란 두 가지 이상의 물질이 본래의 성질을 그대로 가지고 섞여 있는 물질이에요.

 이때 구성 물질이 고르게 섞여 있으면 균일 혼합물, 고르게 섞여 있지 않으면 불균일 혼합물이라고 해요. 예를 들어 균일 혼합물에는 성분이 물속에 고르게 퍼진 설탕물이나 소금물이 있어요. 비균일 혼합물로는 여러 성분이 물속에 녹지 않고 퍼진 상태인 우유가 대표적이지요.

우유는 주성분인 물에 탄수화물, 지방, 단백질, 비타민, 무기염류 등 여러 성분이 섞인 혼합물이에요. 우유에 들어 있는 단백질은 산성 물질을 만나면 응고(액체 등이 엉기고 뭉쳐 굳어지는 현상)되는 특성이 있어요. 그래서 우유에 식초나 레몬즙을 넣으면 우유 속의 단백질이 응고된답니다. 이렇게 응고된 덩어리가 바로 치즈예요.

그럼 우유처럼 여러 가지 성분이 들어 있는 혼합물을 분리하는 방법을 알아보고, 이것을 이용해서 요리를 만들어 볼까요?

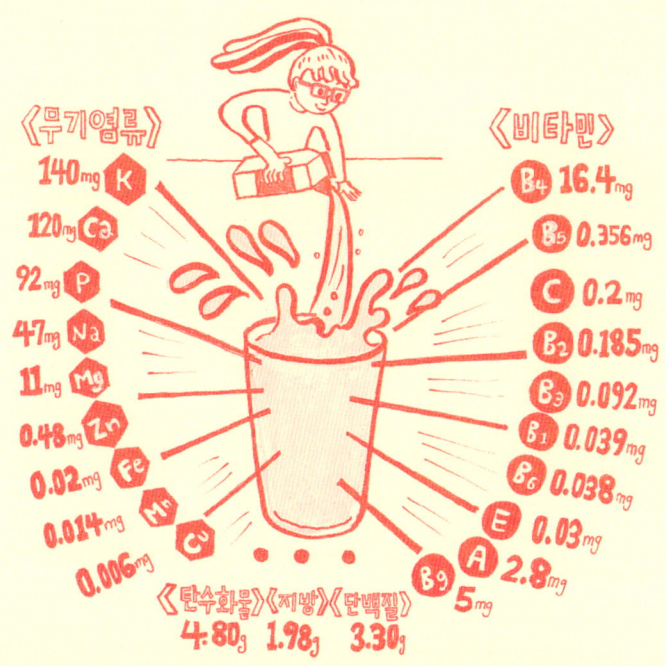

> 함께 실험해요

쫄깃한 우유 치즈 만들기

셰프가 되어 맛있는 음식을 멋지게 만들어 내고 싶나요? 그렇지만 누구나 처음부터 셰프가 될 수 있는 것은 아니랍니다. 천 리 길도 한 걸음부터라고 했지요.

 자, 먼저 맛있는 요리 재료인 치즈를 만들어 보기로 해요. 재료는 여러분이 좋아하는 것으로 바꾸거나 더해도 좋아요.

준비물

우유 1L, 면 보자기, 레몬 1개 혹은 식초, 소금, 수저, 냄비, 그릇, 체, 나무 주걱, 접시

1 레몬은 미리 즙을 짜서 준비해 주세요.

2 우유를 냄비에 넣고 중간 불로 저어
가며 데우다가 끓으면 소금을 넣으세요.
입맛에 따라 소금 양을 조절하세요.

3 우유가 조금씩 끓기 시작하면 약한 불로 줄인 뒤 레몬즙을 넣고 저으세요.

4 우유가 뭉치기 시작하면 불을 끄고 2분 정도 저어 주세요.

5 면 보자기를 받친 그릇에 끓인 우유를 부어 주세요.

6 노란 물이 빠지면 손으로 눌러 짜서 덩어리로 만들어 주세요. 물이 많이 빠질수록 쫄깃한 식감을 내는 치즈가 만들어진답니다.

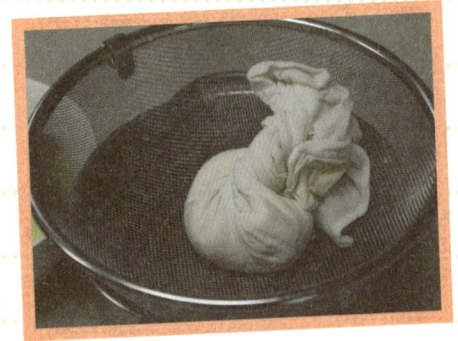

7 재료가 될 치즈를 만들었으니 본격적인 요리를 만들어 볼까요? 먼저 치즈를 어떻게 먹을지 생각해 보세요. 비스킷 위에 올려 먹어도 좋고, 샐러드를 만들어 먹어도 맛있겠죠.

예를 들어 상추 같은 채소를 썰어 넣고, 치즈와 시리얼 등을 섞은 뒤 올리브유를 둘러 주면 맛있는 치즈 샐러드가 완성될 거예요.

치즈로 내가 만들고 싶은 요리	
요리를 맛본 감상	

 즐거운 TIP

불을 사용할 때는 조심해야 하니 반드시 어른과 함께해 주세요.

과학 교과서와 함께 봐요!

차례	학년	단원명
친환경 건축사	3-1	5. 지구의 모습
	5-2	3. 날씨와 우리 생활
	6-2	1. 전기의 이용
	6-2	5. 에너지와 생활
조각가	3-1	2. 물질의 성질
	4-1	4. 물체의 무게
미디어 아티스트	6-2	1. 전기의 이용
디자이너	5-1	2. 온도와 열
	6-2	1. 전기의 이용
유튜브 크리에이터	3-2	1. 재미있는 나의 탐구
	3-2	5. 소리의 성질
	5-2	1. 재미있는 나의 탐구
역학조사관	5-1	5. 다양한 생물과 우리 생활
	6-2	4. 우리 몸의 구조와 기능
과학수사관	5-2	5. 산과 염기
	6-2	4. 우리 몸의 구조와 기능
천문학자	3-1	5. 지구의 모습
	5-1	3. 태양계와 별
	6-1	2. 지구와 달의 운동
플로리스트	4-1	3. 식물의 한살이
	6-1	4. 식물의 구조와 기능
운동선수	5-2	4. 물체의 운동
	6-2	4. 우리 몸의 구조와 기능
화장품 연구원	5-1	4. 용해와 용액
	6-2	4. 우리 몸의 구조와 기능
셰프	5-1	2. 온도와 열
	5-1	4. 용해와 용액
	6-2	4. 우리 몸의 구조와 기능

〈사진 저작권〉

24쪽: 위키미디어 커먼스 ⓒ Marc Lévy(Cramos)

45쪽(위): 플리커 ⓒ 準建築人手札網站 Forgemind ArchiMedia **45쪽(아래)**: 플리커 ⓒ Craig Morey

59쪽: 위키미디어 커먼스 ⓒ Rama&Musée Bolo

105쪽: ⓒ 규장각한국학연구원

125쪽: 유럽남방천문대 ⓒ S. Deiries / ESO

창의력도 키우고 꿈도 키우는 즐거운 과학 실험

과학실에 숨은 미래 직업을 찾아라!

초판 1쇄 펴낸날 2019년 7월 19일
초판 3쇄 펴낸날 2021년 2월 9일

지은이 | 김경은 박지선 신현진 원진아 이선희 이현미 한문정 홍준의
그린이 | 이해정
펴낸이 | 홍지연
펴낸곳 | ㈜우리학교

편집 | 김영숙 고영완 소이언 정아름 김선현
디자인 | 남희정 박태연
마케팅 | 강점원 최은 윤채현
관리 | 김세정
인쇄 | 스크린 그래픽

등록 | 제313-2009-26호(2009년 1월 5일)
주소 | 03992 서울시 마포구 동교로23길 32 2층
전화 | 02-6012-6094
팩스 | 02-6012-6092
홈페이지 | www.woorischool.co.kr
이메일 | woorischool@naver.com

ISBN 979-11-87050-97-1 73400

- 책값은 뒤표지에 적혀 있습니다.
- 잘못된 책은 구입한 곳에서 바꾸어 드립니다.
- 본문에 포함된 사진 및 작품은 저작권과 출처 확인 과정을 거쳤습니다. 그 외 저작권에 관한 문의는 ㈜우리학교로 연락 주시기 바랍니다.